智库丛书
National Think Tank Series

中国社会科学院创新工程学术出版资助项目

国家开发银行研究院
中国社会科学院世界经济与政治研究所
主编 张宇燕 郭 濂

中国与主要经济体发展道路比较研究

涂勤 田丰 田慧芳 宋锦 毛日昇 著

中国社会科学出版社

图书在版编目(CIP)数据

中国与主要经济体发展道路比较研究/涂勤等著.—北京:中国社会科学出版社,2016.3

ISBN 978 – 7 – 5161 – 7532 – 3

Ⅰ.①中… Ⅱ.①涂… Ⅲ.①中国经济—经济发展模式—研究 Ⅳ.①F120.3

中国版本图书馆 CIP 数据核字(2016)第 018043 号

出 版 人	赵剑英
责任编辑	田 文
特约编辑	胡新芳
责任校对	王 影
责任印制	王 超

出 版	中国社会科学出版社
社 址	北京市鼓楼西大街甲 158 号
邮 编	100720
网 址	http://www.csspw.cn
发 行 部	010 – 84083685
门 市 部	010 – 84029450
经 销	新华书店及其他书店

印刷装订	三河市君旺印务有限公司
版 次	2016 年 3 月第 1 版
印 次	2016 年 3 月第 1 次印刷

开 本	710 × 1000 1/16
印 张	12
插 页	2
字 数	182 千字
定 价	45.00 元

课题组成员名单

张宇燕　姜　洪　郭　濂　黄剑辉　涂　勤
田　丰　田慧芳　宋　锦　蒋　尉　毛日昇
王　阁　宋　泓　徐　晶

总　序

　　党的十八大以来,以习近平为总书记的党中央提出了引领中华民族复兴的"四个全面"战略布局和"五大发展理念",并指出中国经济步入新常态,推进国家治理体系和治理能力现代化成为国家建设的核心议题。加强智库建设,成为应对风云变幻的国际形势、破解改革发展稳定难题、服务党和政府科学民主决策的迫切需要。正如中共中央办公厅、国务院办公厅印发的《关于加强中国特色新型智库建设的意见》所指出的,中国特色新型智库是党和政府科学民主依法决策的重要支撑;是国家治理体系和治理能力现代化的重要内容;是国家软实力的重要组成部分。

　　2015 年是中国特色新型智库建设十分重要的一年,中国政府对智库的重视程度前所未有,社会各界对智库建设的关注度急剧上升,有关智库的研究课题日益丰富,智库正作为一支影响政府决策的重要力量迅速发展。中国社会科学出版社作为人文社会科学出版机构,积极顺应时代发展潮流,高效率、高质量地出版一批当前智库研究的最新成果,责无旁贷、大有可为。

　　按照研究的对象不同,智库可分为基础研究和应用对策研究。二者互相影响,不可偏废。基础研究是应用对策研究的理论基础,没有深厚的、科学的理论根基,智库学者不可能提出令人信服的对策,这样的对策也经不起理论的深究和实践的考验;而与实践脱钩的理论研究,缺乏现实观照的理论研究,也必然丧失其研究的现实意义。

　　科学的决策终究离不开理论的支撑和积淀。中国社会科学出版社推出的"智库丛书",即着眼于对全面建成小康社会以及实现中华民族伟大复兴"两个百年"目标中的基础性、理论性、战略性问题的研究,包括对政治、经济、军事、社会、文化、国际、外交等重大问题的研究,属于智库的基础研究部分,但其又迥异于单纯的学术研究,更不是教科书式的研究。

"智库丛书"本着基础性、理论性、战略性、前瞻性、储备性的基本定位,以中国社会科学院这一高端智库为依托,发挥其学科齐全、专家云集的优势,并与国内外其他一些著名智库建立联系,围绕中央决策急需的重大课题,瞄准国家重大战略需求,汇集当前智库研究的最新基础成果。智库研究的问题,既有当前急需解决的问题,也可能是将来的重大问题。智库研究不能盲目跟风,一定要对世界和中国的问题有着理性的分析和判断,要以开放的视野对某一问题进行跨学科、多维度的研究。当然,这也对智库研究者提出了很高的要求,既要有扎实深厚的学术功底,又要有对现实的观照。

相信这些智库成果的出版对智库影响力的提升将起到重要的作用。我们也期待通过该丛书的出版,将智库的理论成果公之于众,成为智库与公众之间的沟通平台。

"智者不惑。"建设中国特色新型智库的号角已经吹响,一个崭新的智库时代正在召唤着我们前行。让我们以智库研究为契机,与各界有识之士,同心协力,为民族复兴的中国梦共同努力。

《智库丛书》编委会

2015 年 12 月

目　　录

第一章　发展道路的内涵 …………………………………（1）

一　发展道路的界定 …………………………………………（1）

（一）概述 …………………………………………………（1）

（二）1949 年以来的中国发展道路 ……………………（5）

二　关于中国发展道路的主要观点 …………………………（9）

（一）概述 …………………………………………………（9）

（二）关于中国经济发展道路的主要争议和疑虑 ………（11）

（三）华盛顿共识和北京共识 ……………………………（13）

三　本书对中国发展道路的定义 ……………………………（16）

第二章　中国改革开放 35 年来的发展成就及其基本经验 ………（19）

一　中国改革开放 35 年来的经济成就 ……………………（19）

二　主要生产要素的作用 ……………………………………（22）

（一）劳动要素供给和"人口红利"的作用 ………………（23）

（二）物质资本投入的作用 ………………………………（23）

（三）技术进步、人力资本和生产效率提升的作用 ………（25）

（四）对外贸易和外商直接投资 …………………………（26）

三　制度创新与中国经济发展 ………………………………（27）

（一）一般性解释 …………………………………………（27）

（二）中国的特殊性——有效激励 ………………………（28）

（三）有效激励一：财政激励 ……………………………（29）

（四）有效激励二：官员晋升 ……………………………（31）

四　中国的基本经验 ………………………………………（32）

　（一）政治和社会稳定 …………………………………（33）

　（二）诱致性制度变迁和渐进式改革 …………………（34）

　（三）政府主导型的经济改革 …………………………（35）

第三章　世界主要国家发展道路分析 ……………………（37）

　一　美国发展道路 ………………………………………（37）

　　（一）美国经济发展历史简述 …………………………（37）

　　（二）美国的发展道路和经验 …………………………（39）

　　（三）美国发展道路对中国的启示 ……………………（50）

　二　德国发展道路 ………………………………………（53）

　　（一）德国经济发展史简述 ……………………………（53）

　　（二）德国快速工业化后期的发展道路和经验 ………（55）

　　（三）德国发展道路对中国的启示 ……………………（64）

　三　英国发展道路 ………………………………………（68）

　　（一）英国的经济发展历史简述 ………………………（68）

　　（二）英国快速工业化后期的发展道路和经验 ………（72）

　　（三）英国发展道路对中国的启示 ……………………（80）

　四　印度发展道路 ………………………………………（82）

　　（一）印度经济发展历史简述 …………………………（82）

　　（二）印度的发展道路和经验 …………………………（85）

　　（三）印度发展道路对中国的启示 ……………………（91）

　五　俄罗斯发展道路 ……………………………………（94）

　　（一）俄罗斯的经济发展简史 …………………………（94）

　　（二）俄罗斯工业化后期的发展道路和经验教训 ……（99）

　　（三）俄罗斯发展道路对中国的启示 …………………（112）

　六　巴西发展道路 ………………………………………（119）

　　（一）巴西的经济发展简史 ……………………………（119）

　　（二）巴西发展道路的经验与教训（1964—2012 年）………（121）

　　（三）巴西发展道路对中国的启示 ……………………（128）

七　日本发展道路 ……………………………………（131）
　（一）日本经济发展历史简述 ………………………（131）
　（二）日本快速工业化后期的发展道路和经验 ………（134）
　（三）日本发展道路对中国的启示 …………………（140）
八　韩国发展道路 ……………………………………（142）
　（一）韩国经济发展历史简述 ………………………（142）
　（二）跨越中等收入陷阱的经验和教训 ……………（144）
　（三）韩国发展道路对中国的启示 …………………（151）

第四章　中国实现经济可持续发展的战略及路径 ………（154）
一　中国经济可持续发展面临的挑战……………………（154）
　（一）经济发展的不平衡性问题对经济持续增长的制约 …（155）
　（二）中国经济发展面临跨越"中等收入陷阱"的挑战 ……（161）
　（三）中国面临转变经济发展方式，推进产业技术进步和
　　　　升级，提升产业竞争力的挑战 …………………（163）
　（四）中国目前的经济发展道路面临着资源和生态环境
　　　　约束瓶颈，生产要素的宏观配置隐藏着
　　　　巨大的金融风险 …………………………………（164）
二　中国实现经济可持续发展的战略及路径 ……………（165）
　（一）深化经济体制改革，转变政府职能 …………（166）
　（二）缩小收入、城乡、地区三大差距 ……………（167）
　（三）鼓励科技创新，提高产业竞争力，走创新驱动的
　　　　发展道路 …………………………………………（169）
　（四）走城镇化道路，提高城镇化率 ………………（171）
　（五）全面提升外向型经济发展水平 ………………（174）

参考文献 …………………………………………………（176）

第一章　发展道路的内涵

一　发展道路的界定

（一）概述

1. 发展道路和经济发展道路

按照字面的意思，道路除了有"连接两地之间的通道"和"人马车辆通行的路"的含义之外，还有达到某种目标的途径，事物发展、变化的途径等方面的意思。因此，道路是连接两个不同点之间的路径，而发展道路最核心的概念是从一个发展状态变成另一个发展状态所走过的路径。发展道路也往往可以是一种事前的规划，如一个国家可以设定自己未来想要达到的发展目标，这时候，发展道路就是从目前状态达到未来目标的途径或规划。

总而言之，发展道路可以认为是一个国家在发展过程中为了解决自身问题而采取的各种方法、政策或制度等的集合（或称为战略选择）。发展道路既可以用来总结一个国家过去所走过的一段发展历程，又可以用来描述一个国家为了达成某个目标（如从中等收入国家成为高收入国家）而规划的途径。因此，发展道路涉及一个国家的方方面面，如政治、经济、社会和文化等，本书主要讨论经济发展道路。

经济发展道路也可以称为经济发展方式，通常是指特定国家或地区为实现经济发展而采取的（或表现出来的）基本路径、主要方案及制度安排的综合性描述。任何一个国家或地区其经济发展的终极目标都可以简单地归结为增加国民财富、提升居民福祉，然而不同国家或地区在战略目标、发展阶段、禀赋条件、社会结构、人口规模等许多方面存在差别，因此其经济发展方式或经济发展道路很可能具有差异性。发展经济学认为：各国在选择其制度或技术安排时应考虑"要素互补性"，只有那些与发展背景相吻合的"适宜制度"和"适宜技术"才能取得良好的绩效。

2. 路径依赖

一个国家或地区的经济发展道路存在"路径依赖"的特点。路径依赖也可以称为锁定或锚定效应，类似于物理学中的"惯性"，一旦一个国家或地区的经济发展方式进入某一路径，无论是"好"的还是"坏"的，在以后的发展过程中都可能对这种路径产生依赖，即某一路径的既定方向会在以后发展中得到自我强化。人们过去做出的选择决定了他们现在及未来可能的选择。好的路径会对发展起到正反馈的作用，通过惯性和冲力，使一个国家或地区的经济发展进入良性循环；不好的路径会对发展起到负反馈的作用，经济发展可能会被锁定在某种无效率的状态下而导致停滞。而这些选择一旦进入锁定状态，想要脱身就会变得十分困难。

因此，虽然任何国家或地区的发展都需要学习和借鉴别国的经验，但世界上并没有放之四海而皆准的经济发展道路，各国都必须结合自身实际、结合时代条件变化，不断探索和完善适合本国情况的发展道路，走适合自己国情的道路，靠自己的辛勤劳动，才能实现经济长久持续的发展。

3. 本书关于经济发展道路的讨论

本书主要是总结中国和其他主要经济体的发展经验，为我国下一步如何发展提供一些政策建议。国际经验主要包括美国、德国、英国、日本、韩国、俄罗斯、印度、巴西这八个国家。中国已经是中等收入国家，我们将主要讨论中国如何从目前水平到进入高收入国家行列的经济发展道路。

从各国的发展历史进程和经验来看，当一个国家基本完成工业化之后，即居民收入处于中等收入发展阶段时（5000—10000美元），经济发展都面临一个关键的转折时期，能否顺利实现经济结构的转型和升级，对于保持经济持续增长并且进入高收入国家行列发挥着至关重要的作用。在经济增长的起飞时期，推动经济增长主要依赖大规模的要素禀赋优势和物质资本投入，比如丰富的劳动力和自然资源、大规模的投资扩张等，而随着经济发展到更高的阶段，由于"要素边际报酬递减"这个客观经济规律的存在，单纯依靠要素禀赋和物质资本的投入来推动经济的持续增长变得越来越不可持续。

由于影响经济发展的因素很多，而且经济发展道路也是一个动态的过程，因此，用一些静态的指标可能能描述一个国家在某个时间点的经济发展状态，但无法反映这个国家的经济发展道路。所以，我们只能通过总结各国经济增长的历程和发展经验，选择如下五个影响一个国家经济发展（在中等收入阶段）的重要因素来代表其经济发展道路：

（1）技术进步。技术进步（包括技术创新）可以有效地抵消要素边际报酬递减的作用，为经济增长注入持久的动力，经济发展的历史经验反复地表明：一个没有创新能力和潜力的国家是没有前途的。特别是进入中等收入发展阶段，经济发展单纯依靠要素禀赋比较优势和物质资本的投入，依靠数量的扩张而不是质量的提升不仅不具有可持续性，而且会面临一系列严峻的挑战，比如产业升级步伐停滞、资源环境压力巨大、劳动力成本上升导致低端产业竞争优势丧失、陷入"贫困化"增长陷阱等。因此，技术进步和创新能力的增强是评价一国经济发展可持续性、经济发展潜力和经济发展质量最为重要的指标之一，如何促进技术进步是一个国家经济发展道路中的重要环节之一。

（2）产业结构调整。合理的产业结构同样对于一国经济的长期发展起着关键性的作用，从中等收入国家到高收入国家的产业结构总体上呈现梯形分布的特征，其基本的特征表现为：传统的农业和工业部门在国民经济体所占的比重逐步下降，而现代服务业和新兴产业部门在国民经济中所占比重逐步上升。尽管产业结构的变化从很大程度上可以看作经济发展的结果，但需要强调的是：产业结构和经济发展本身是互为因果、互相制约的关系，如果一个国家的产业结构长期得不到改善，产业结构比例严重失调或者产业结构比例长期固化，没有体现出动态的规律性变化趋势，不仅增大了经济发展的风险和困难，而且不可能从真正意义上实现经济的持续增长和国家的现代化，比如长期严重依赖自然资源禀赋的国家就是很好的例证。因此，产业结构同样是衡量经济发展状况重要的指标，如何根据本国的经济发展要求，适时地对本国的产业结构进行调整，也是一个国家经济发展道路中的重要环节之一。

（3）收入分配。制度合理，收入差距限制在合理的范围之内。各国发展的历史经验均表明，只有那些建立较为完善合理的收入分配制度，并且将收入差距限制在合理范围之内的国家，才能顺利进入高收入国家行列。合理的收入分配制度，不仅能够有效刺激劳动者的积极性和创造潜力，并且对于保持社会的长期稳定起着极为重要的作用。反之，如果收入差距持续扩大且得不到及时的纠正，容易激化不同社会阶层的矛盾，严重阻碍经济发展并且会引发社会动乱，最终会牺牲长期积累的经济发展成果。目前，所有的发达国家都具有相当完善的收入分配制度和税收体系，不仅保证了社会的长久稳定，同时也为技术创新和产业结构调整提供了良好的环境和制度性保障。与此相反，尽管南美洲许多国家早在 20 世纪 60 年代就已经进入中等收入国家行列，但由于收入分配制度严重不合理的状况一直没有得到有效改善，致使这些国家长期陷入"中等收入"陷阱的发展阶段而不能自拔。因此，如何有效地调整收入分配也是经济发展道路中的主要一环。

（4）城市（镇）化。城镇化是经济社会发展的必然趋势，也是工业化、现代化的重要标志，城镇化的发展水平滞后同样会对经济发展产生显著的制约作用；国家的现代化过程不仅体现为工业化过程的完成，更重要的是从传统的农业向现代的农业转变，农村人口比例的大幅下降，从事农业生产的人口大规模地向城市迁移和集中。要完成这一重大的转折，没有城市（镇）化程度提高是不可想象的，没有城市化水平的显著提高就不可能从真正意义上实现国家工业化和现代化。从各国的发展历程来看，城市化水平基本上可以体现一国经济所处的发展阶段，主要发达国家城市人口的比例高达 80% 以上，城市大规模发展发挥了显著的聚集和规模效应。因此，如何实现城市（镇）化也是经济发展道路的重要环节之一。

（5）对外开放。对外开放与全球经济紧密融合。第二次世界大战结束以后，经济全球化进程突飞猛进，同时随着信息通信技术的快速进步，世界各国经济已经成为一个密不可分的整体。过去六十多年，无论是发达国家还是发展中国家的经济增长和发展经验都表明：一国的经济发展不可能独立于其他国家而取得显著成就，奉行自由开放的贸易和投资政策对于经济发展会产生强大的推动力量，特别是多数发展中国家过去六十多年的正反两方面的经济发展经验都证明，出口导向的贸易政策相对于进口替代的贸易政策对于促进经济增长具有明显的优势。20世纪50年代以来，快速崛起的新兴经济体无一例外地都奉行了全面对外开放的经济政策，国际贸易和跨国投资的大规模产业转移成为助推发展中国家实现工业化和经济现代化最为重要的两大引擎，同时发达国家在经济全球化的过程中也获取了广泛的利益。对外开放对经济发展的强大推动作用不仅仅体现在贸易和外部投资规模和数量的简单扩张，更重要的是贸易和跨国投资质量的提高，后者发挥着更加关键的作用，如果一国的贸易结构长期依赖成本和资源优势，而不是依赖核心技术和产品质量参与国际竞争，长期来看，开放对一国的经济发展的推动作用会变得不可持续，甚至会产生负面的影响作用；同时很多顺利进入高收入国家的新兴经济体（如韩国、日本）在奉行对外开放的同时，并不是单纯依赖贸易数量的扩张，而是通过贸易开放带动技术进步，顺利实现了产业和贸易结构的全面升级和转型；相反，一些长期依赖资源性贸易的新兴经济体（如俄罗斯、巴西、南非等），尽管对外贸易扩张规模较大，但贸易扩张的质量并未有显著的提升，对外开放与经济发展之间并未形成良性互动的关系，致使这些国家的经济增长具有显著的波动性和脆弱性，同时也严重制约了这些国家经济发展的可持续性。因此，一个国家对外开放的具体结构和变化过程，也是经济发展道路的重要环节之一。

（二）1949年以来的中国发展道路

根据前文的描述，中国经济发展道路应该是特指1949年新中国成立之后，中国这个世界上最大的发展中国家为实现其经济发展而采取的（或呈现的）路径方案，值得强调的是，中国在经济发展过程中也存在"路径依赖"，因此，要想全面地讨论中国经济发展道路，就应该包括从新中国成立到现在的六十多年，而不仅仅是指 1978 年至今的改革开放时期。这里，我们简述我国改革开放前的发展道路，重点则放在 1978 年改革开放之后的发展道路。

1. 改革开放之前（1949—1978 年）

1949 年新中国成立之后，经济和社会秩序在短短三年（1949—1952 年）里就迅速恢复。根据经济发展的普遍规律，中国经济发展的必由之路是从传统的农业社会向工业化社会转变。随后，中国以苏联为原型实行计划经济，开始了第一个五年计划（1953—1957 年），经济快速发展，也开启了中国的工业化进程。中央计划经济的模式虽然生硬，但能以行政手段在全国的范围内调动大量资源，推动经济的高速发展。随后的"大跃进""人民公社"和"文化大革命"时期，由于政府在工作中出现了大量失误，使得中国经济到了崩溃的边缘。

中国的工业化与传统发达国家存在显著差异，中国主要是通过内部的部门剩余转移（主要是工农业产品价格剪刀差）来推进工业化进程的。为了补贴工业，从 1953 年开始，中国实行农产品统购统销的政策，人为地压低农产品的相对价格。1958 年中国开始通过实行严格的户籍制度来控制农村人口向城市转移，极大地限制了人口和劳动力的流动。到改革开放之前的 1978 年，全国有 2/3 的农民收入低于 50 年代的水平，其中有 1/3 甚至还不及 30 年代的水平，全国农村地区存在着大量的贫困人口。

2. 1978 年改革开放以来（1978 年—　）

1978 年改革开放之后，中国的经济发展走了一条渐进式的市场化改革之路。

（1）改革开放初期（1978—1991 年）

中国逐步在传统的计划经济中引入市场经济的成分，计划的成分逐渐减弱，而市场的成分逐渐加强。这一点从不同时期政府制定的发展目标就能看出：中国的经济发展目标从 1978 年的建设"社会主义现代化强国"，到 1982 年的"有中国特色的社会主义"，到 1984 年的"有计划的商品经济"。

在这个时期，市场化改革主要表现在以下四个方面：第一，在工业部门实行扩大国营企业自主权的政策，并逐步引入市场机制，使得计划和市场并存，出现了"价格双轨制"，采取企业经营承包责任制；第二，在农村实行家庭联产承包责任制，将8亿农民初步解放出来，为以后的农村劳动力转移奠定了基础，从1985年开始取消于50年代初建立的粮食征购计划；第三，开始建设经济特区，吸引外资；第四，开放民营经济，两千万返城知青可以自行创业，乡镇企业也得到迅速发展，民营经济成为公有经济的补充。

此外，1987年10月的中共十三大报告首次提出了建立房地产市场，确立了房地产市场的地位和作用，中国的住房市场化逐步出现萌芽。

1988年，当中国政府宣布全面的价格体制改革时，通货膨胀迅速加剧，政府因此提出了经济紧缩计划，中国经济也进入了长达四年的"治理整顿"时期。其间，中国对是否进一步深化市场化改革、如何保持社会主义特性等问题进行了广泛而深入的讨论。

（2）市场化改革深入阶段，初步形成全国性市场（1992—2002年）

1992年年初，邓小平南方谈话之后，全党统一了要继续深化市场经济改革的思想。中国结束了财政紧缩的政策，治理整顿的阶段也正式结束。全国出现了"下海"潮，政府官员、国企员工以及科研院校的学者纷纷扔掉手中的"铁饭碗"，弃公经商。1992年10月召开的十四大，第一次正式把建设社会主义市场经济体制——"有中国特色的社会主义市场经济"——确立为中国经济体制改革的最终目标。1992年开始，市场化的步伐逐步加快：彻底解除价格管制、大幅度减少指令性市场计划、大幅度降低进口关税，并从1994年开始实行全面的税收制度改革，主要包括简化税制、税收分成和税收管理。到1996年，工业物资的价格双轨制彻底成为历史。这些市场化的改革措施，使中国初步形成了单一价格体系的全国性商品市场。同期的国企改革以建立一个脱离政府干预并由市场监管的现代企业制度为目标，并于1997年开始进行股份制改造，企业转制、破产，出现了大量的下岗工人。但快速的经济发展也为这些下岗工人的再就业提供了工作机会。

中国由原本的地方各自为营的混乱局面初步转变成为一个高效而可持续的竞争环境，刺激了区域经济的发展，因此，为了在招商引资的竞争中脱颖而出，各地方政府都开始将工作重点放到改进基础设施和商业环境上。中国市场的巨大潜力使得中国吸引了大量外资，成为外商最钟爱的投资目的地，尤其是2001年年底中国加入世界贸易组织之后。

此外，1998年中国的住房制度改革取得了关键性突破，政府宣布从1998年下半年开始停止住房实物分配，逐步实行住房分配货币化，全国性的住房交易市场逐步形成。

（3）关注民生，初步形成覆盖全民的教育、医疗、养老等生活保障体系（2003年之后）

中国加入世界贸易组织之后，恰逢世界经济高涨期，全球化趋势方兴未艾，各地方政府大幅度放宽外贸和投资政策，通过招商引资，充分发挥国内低工资的优势搞出口加工。拥有低工资、低地价、低环境成本，再加上地方政府"亲商"的政策，使得中国迅速融入全球化，中国成为世界工厂（低技术环节加工/组装基地）和跨国公司的投资天堂。

随着中国经济的快速发展，中央政府开始越来越关注民生，2002年十六大提出了"在有条件的地区探索建立农村养老、医疗保险和最低生活保障制度"。随着国家财政收入的高速增长，政府逐步推出涉及民生的相关政策：统筹城乡发展，取消农业税，增加农业补贴，缓解农村社会矛盾；制定2006—2020年科技中长期发展规划，提出"增强自主创新能力、建设创新型国家""以自主创新作为推进产业优化升级的中心环节"战略思想，制定"振兴装备制造业"等产业政策；继续建立和完善社保体系，尤其是针对农村居民的教育、医疗、最低生活保障、养老等，根据自己的经济发展水平，中国初步建立了具有"高覆盖率、低保障水平"特征的社会保障体系。

教育。2000年以后中国为全国尤其是西部地区农村的基础教育投入大量资金，特别是从2001年开始对农村教育布局进行调整，改善农村学校的办学条件；并从 2011 年秋季学期开始，启动农村义务教育学生营养改善计划。1998 年亚洲金融危机爆发之后，为了"拉动内需、刺激消费、促进经济增长、缓解就业压力"，自 1999 年开始，中国推行高等教育改革的政策，连续多年大规模扩大高校的招生人数，普通高校的招生人数从 1998 年的 108 万人迅速扩大到 2006 年的 546 万人。

医疗。1998 年我国开始建立城镇职工基本医疗保险制度，分别从 2003 年和 2007 年在全国部分县（市）试点新型农村合作医疗（简称新农合）和城镇居民医疗保险，到 2010 年逐步实现基本覆盖全国农村居民和全体城镇非从业居民。

最低生活保障。中国城市居民最低生活保障制度的建立从 1997 年开始，2003 年在城市低保制度取得重大突破后，为实现全民低保目标，民政部开始重新部署农村低保制度的建设工作，到 2007 年全国已经全面建立了农村低保制度，低保已经覆盖全国。到 2012 年，全国的城市和农村低保对象的数量分别为 2143 万人和 5344 万人。

养老。2009 年、2011 年，我国先后启动了新型农村社会养老保险（新农保）试点和城镇居民社会养老保险试点。短短 3 年间，两大养老保险均实现了制度上的全覆盖，加上此前已经建立的城镇职工养老保险，织就了一张覆盖城乡的养老保障网。截至 2012 年 8 月底，全国城乡居民社会养老保险制度已实现全覆盖，全国已有 4.31 亿人参保，1.17 亿老年居民领取养老金。

二　关于中国发展道路的主要观点

（一）概述

近年来，关于中国发展道路、发展经验、发展模式等概念频繁地被国内外学界、政坛及各大媒体所提及。特别是 2008 年国际金融危机爆发以来，在全球经济总体上进入全面放缓和复苏的阶段，中国经济在继续保持高速增长的同时，也对世界经济逐步走出低谷起到了越来越重要的推动作用，中国长期坚持的发展道路和发展经验也受到了国际社会越来越多的关注和解读。尽管国内外学者和政要从不同角度对中国发展道路的基本内涵、理论基础、主要内容、现实意义、历史局限等方面进行了许多的阐述，但由于立场观点、分析角度的差异，对于中国发展道路的解读和理解上存在较大的差异，有必要对现有的关于中国发展道路研究的主要观点进行梳理，明确中国发展道路的实质和内涵。

应当说，作为全球最大的发展中国家，中国对于如何快速实现国家的现代化进行了长期的探索和思考。中国共产党在领导人民实现国家现代化时，始终坚持的一个基本原则就是在社会主义的基本制度和框架下，充分结合本国的国情和现实情况来制定发展道路和现代化战略。早在20世纪50年代初，中国在全面学习苏联模式的过程中暴露出了各种弊端，毛泽东首次提出了"以苏联经验为借鉴，探索一条适合中国国情的建设社会主义道路"。在进入新的历史发展阶段后，邓小平在总结过去深刻历史教训的基础上，更深刻地思考了中国的前途和发展战略，将中国国情、社会主义和实现国家的全面现代化更加清晰而又紧密地联系起来，明确指出中国未来的发展道路就是走"中国特色社会主义道路"。经过30多年改革开放发展战略的深入推行，一种立足于中国基本国情、坚持全面对外开放，同时，在此基础上又强调自主发展的新型大国发展道路，开始逐步形成并明晰。学术界关于"中国发展道路"实质问题的探讨主要可以归纳为三种看法：

首先，最为普遍的看法是将"中国发展道路"与中国特色的社会主义联系起来解读。事实上，这也可以归纳为中国政府对中国发展道路的一种正式解读，中共十七大报告全面、系统地论述了中国特色社会主义道路和理论体系，对其产生、形成、理论内涵和实质以及对中国社会发展的巨大现实意义均进行了详细的阐述，这意味着"中国发展道路"的正式形成。一些国内学者也认为，"中国发展道路"与中国特色社会主义是一致的，只是概括的角度不同。"中国发展道路"主要是从全球高度看中国的发展，侧重于横向比较，尤其是从发展中国家的角度出发，如何在较低发展水平实现经济的快速转型和高速增长；而中国特色的社会主义则是立足于国内发展所做的纵向考察。还有一些学界人士认为，"中国发展道路"应该等同于"中国特色社会主义市场经济"。

　　其次，从另一种角度解读"中国发展道路"的学者主要是把"中国发展道路"与中国的现代化战略联系起来，认为"中国道路"是全球化背景下的现代化发展战略。例如，俞可平认为，"中国发展道路（中国模式）"就是中国在全球化背景下，实现社会现代化的一种战略选择，它是中国在改革开放过程中逐渐发展起来的一整套应对全球化挑战的发展战略和治理模式；蔡拓认为"中国道路"是全球化背景下积极回应并参与全球化的社会发展模式，是一种以开放的眼光，充分利用和借鉴人类发展已有的优秀成果，以建设性的态度对待和参与国际规则，趋利避害，最大限度为自身的发展创造条件。离开全球化来谈中国的发展道路和模式就没有抓住核心。

　　最后，通过对比"中国发展道路"与其他发展道路的区别，来明确"中国发展道路"的实质和内涵。这种观点认为，"中国道路"是人类社会发展道路的一种新的体现形式，实质是对中国发展的认识和评价。一些国际舆论和国外学者认为，中国不仅在学习和借鉴其他国家发展经验的过程中，找到了自己独特的发展道路，而且提供了可以被其他国家尤其是发展中国家效仿的发展路径。与目前已有的斯大林模式、新自由主义模式、民主社会主义模式、拉美和印度模式不同的是，中国既没有遵循传统的社会主义发展道路，也没有盲目照搬其他的发展经验和道路，而是坚持按照自己的道路前进。"中国道路"的出现，丰富和发展了世界发展经验和道路，为世界各国选择不同的发展道路提供了新鲜和可供借鉴的宝贵经验。

　　归纳起来看，"中国发展道路"既不同于传统的苏联社会主义模式，也不同于西方发达国家的自由民主主义道路，同时，与自己在改革开放之前的发展模式也不同，其实质就是"中国特色社会主义现代化道路"，核心内容是：不盲目照搬国外发展道路和模式，在实现社会稳定、坚持对外开放、借鉴国外成功发展经验的同时，立足于中国国情，探索具有中国特色的社会主义发展道路。

（二）关于中国经济发展道路的主要争议和疑虑

　　关于中国发展道路的主要争议和疑虑，确切地说是起因于"中国模式"表述的争议和疑虑。2004 年 5 月 11 日,英国著名智库"伦敦外交政策中心"发表库珀·雷默的文章《北京共识》,对中国的经济改革所取得的成就进行了总结和分析,认为中国通过不懈的努力和大胆的创新实践,探索出了一个全新的发展模式。此文一出,很快引起了世界各国对中国发展道路和发展模式的各种讨论和争议。争议的焦点,一方面集中于对中国模式内容的不同解读和阐释,另一方面主要集中于探讨中国的发展道路和经验是否能够上升到一种特有的发展模式,即"中国模式"。

从国际社会的主流观点来看,多数的机构倾向于把中国独特的发展道路和经验归纳为一种新的发展模式,比如,雷默把"中国模式"概括为与"华盛顿共识"相对立的"北京共识",尽管这两者并不是一回事情,甚至与"中国发展道路"的本意和宗旨是背道而驰的。而美国的另外一家智库——国际战略研究中心则认为,"中国模式"最重要的原则是经济改革有限,这一模式不但抛开了意识形态的干扰,而且也保留了被称为"经济稳定器"的主要银行与大型国有企业,同时,地方政府享有在经济和社会发展方面的自治权。简言之,"中国模式"是实用、自由和市场竞争力的结合体。英国《金融时报》指出,不同于西方自由市场经济中,市场在资源配置中的绝对主导地位,"中国模式"更多的是运用政府力量来干预和调控经济。瑞士日内瓦大学当代亚洲研究中心张维研究员认为,"中国模式"是指一种将"重大的经济改革和较小规模的政治改革相结合,是以循序渐进、摸索和积累的方式,从易到难的进行改革,同时积极吸取优秀的发展思想和经验"的发展模式。当然,也有国外的学者对到底是否存在一个"中国模式"提出了质疑,认为中国正处于社会的转型阶段,这个过程将是渐进的、增量的,将伴随着急剧的社会变革和政治变革,在这样的背景下,并不适合将中国 30 年的发展道路和经验简单地上升到一种新型的发展模式。

从国内来看,近年来国内对于中国发展道路的相关探讨也十分热烈。与国际社会不同的是,国内的学界人士普遍并不倾向将中国的发展道路和经验总结为一种特定的发展模式,或者将发展道路、发展经验和发展模式看作完全等同的概念。比如有国内学者认为,所谓"中国模式"是指中国改革开放以来的社会发展道路或发展经验,是从全球化的角度或视野来看待中国社会的发展道路,也同样称为"中国道路""中国经验"。尽管如此,国内的学术界仍然不倾向使用"中国模式"这一概念。多数学者认为,尽管中国改革开放以来取得了不小的成就,但发展中同样出现了许多问题,中国的发展道路并不适合或者不足以成为一种经济发展"模式",国内的学术界更倾向于采用中国特色的道路或者中国案例来描述中国的发展经验,其原因就在于:"模式"含有示范、样本的含义,但中国的发展道路或者经验并无此示范意义。还有的学者认为,中国在发展过程中遭遇到了一系列严重的问题,在实现进步的同时也付出了巨大的代价,如果这种发展的高代价被"中国模式"所包括,则在很大程度上说明了"中国模式"的不成熟和不完善,而这种有待成熟和改进的发展方式是不具有示范和推广价值的。

显然,无论在国内还是国际社会,对于中国道路、中国经验、中国模式的探讨还存在许多不同的甚至是相互冲突的观点。在国际上,西方国家既有对中国30多年发展道路和经验客观和公正的评价,也有由于制度和意识形态的偏见,宣扬中国发展道路不可持续、中国经济崩溃论以及中国威胁论等各种观点和论调。

无论如何,中国的发展道路和经验是在中国改革开放的实践中逐步形成和发展出来的,是一系列仍然需要不断发展和完善的现代化战略措施,我们既要看到中国特色社会主义发展道路的巨大潜力,同时也不能回避中国发展道路中存在的各种风险和挑战,因此,必须以发展和动态的视角来评价和看待中国这30多年来的发展道路和经验。

(三) 华盛顿共识和北京共识

我们在谈到发展道路和发展模式的选择时,另一个重要问题是:世界上究竟存不存在一种能够被普遍借鉴的经济发展制度和道路?发展中国家究竟是应该立足于本国的国情制定现代化战略,还是应该完全遵照发达国家的历史经验来实现本国的现代化?

1989年,美国国际经济研究所高级研究员约翰·威廉姆森,在华盛顿召开的一次研讨会的会议论文中，首次提出了"华盛顿共识"，其实质内容是指：美国所实行的经济制度及其价值观，为世界其他国家特别是发展中国家的经济发展提供了标准的样板，具有普遍适用的意义，其理论基础是新自由主义，主要包括十个方面的具体内容：（1）加强财政纪律，压缩财政赤字，降低通货膨胀率，稳定宏观经济形势；（2）把政府开支的重点转向经济效益高的领域和有利于改善收入分配的领域；（3）开展税制改革，降低边际税率，扩大税基；（4）实施利率市场化；（5）采用一种具有竞争力的汇率制度；（6）实施贸易自由化，开放市场；（7）放松对外资的限制；（8）对国有企业实施私有化；（9）放松政府的管制；（10）保护私有财产权。

　　究竟"华盛顿共识"对世界各国的经济发展是否具有"普适"的价值，显然不能简单地仅仅依靠理论上的推导来判断，而必须放到世界各国，特别是发展中国家具体的实践中进行检验。新自由主义的经济发展理念和"华盛顿共识"开出的药方，最先被拉美的一些国家所采用。遵行这一模式，拉美国家的经济改革在最初或者某个阶段取得了一定的成绩，在一定程度上促进了经济的增长，但随着时间的推移，在一些推行"华盛顿共识"的拉美和亚洲国家中，经济发展出现了诸如贫富差距快速拉大、债务负担严重、环境污染、社会政治动乱等一系列严重的后果。另外一个普遍被引用来说明"华盛顿共识"不具有一般适用性的典型案例是苏联解体后的俄罗斯和独联体国家，它们在普遍推行被称为"休克疗法"的新自由主义和"华盛顿共识"所开出的药方后，给经济社会发展带来了严重的负面冲击。

　　由于"华盛顿共识"在发展中国家和转型国家实践检验中产生的不良结果，使得世界各国对其有效性产生了严重的质疑，并且受到了尖锐的批评。为此，1998年4月，在智利首都圣地亚哥举行的美洲国家首脑会议上，明确提出了以"圣地亚哥共识"替代"华盛顿共识"的主张。圣地亚哥共识的基本内容是：（1）必须减少经济改革的社会成本，使每一个人都能从改革中受益；（2）大力发展教育事业和卫生事业；（3）不应该降低国家在社会发展进程中的作用；（4）健全法制，实现稳定；（5）提高妇女和少数民族群体的社会地位和经济地位；（6）完善和巩固民主制度。

斯蒂格利茨在批评"华盛顿共识"的基础上提出了"后华盛顿共识"（Post Washington Consensus），其任务就是将华盛顿共识的失败之处揭示出来。"华盛顿共识"的政策太过于迷信市场原教旨主义（market fundamentalism），即市场可以自动导致经济效率。"华盛顿共识"对发展中国家经济结构的认识严重失误，把目光局限在过于狭隘的目标以及实现这些目标的过于狭隘的工具上。例如，当技术不断进步时，市场并不能自发地实现效率。这个动态过程恰恰是发展的关键问题，并且，这个动态过程中存在重大的外部性问题，而正是这种外部性赋予了政府重大的角色和积极的职能。

与拉美危机产生和俄罗斯"休克疗法"彻底失败不同的是，东亚和南亚一些国家在同一时期却实现了经济的快速增长，而这些国家在经济发展过程中政府长期扮演着重要的角色，被称为政府主导形式的新兴发展经济体。

与拉美、俄罗斯和东欧国家经济发展的糟糕表现对比最为鲜明的是，中国在这一时期保持了持续的高速增长，吸引了世界各国经济学家和政界人士的关注。2004年5月11日，英国外交政策研究中心发表了由高盛公司高级顾问、清华大学兼职教授乔舒亚·库珀·雷默撰写的一份研究报告，题为《中国已经发现自己的经济共识》，对中国20多年的经济改革成就及其经验做了分析，首次提出了"北京共识"（Beijing Consensus）的概念。主要包括三个方面的内容：（1）艰苦努力、主动创新和大胆试验，认为"求变、求新和创新是这种共识中体现实力的基本措辞"；（2）循序渐进，可持续和平等地发展，认为"实现现代化的最佳途径是摸着石头过河，而不是试图采取休克疗法、实现大跃进"；（3）强调自主自决，坚决捍卫国家主权和利益，发展不对称的军事战略优势以避免冲突。其中，创新和试验是"北京共识"的灵魂，强调解决问题应因事而异，灵活应对，不求统一标准。

尽管雷默教授对华十分友好，并且盛赞中国改革开放的巨大成就，虽然在一定程度上，他提出的"北京共识"总结了中国改革开放过程中的一些普遍认可的经验，但他毕竟站在外国人的角度来看中国的发展，在中国这块古老神奇的土地上生活和体验的时间还不够长，对中国改革开放的感知还不够深刻。因此，"北京共识"也不能从深层次上解释：为什么中国能够在长期保持社会稳定的基础上实现经济的持续高速增长？更不能从根本上解释中国制度变迁的内生性。

事实上，在很长的一段时间内，无论是中国的学术界还是官方并不知道"华盛顿共识"，中国改革开放的成就几乎是在完全不知晓"华盛顿共识"的背景下取得的，因此，中国改革开放的成功并不足以完全否定"华盛顿共识"所提出的经济发展措施，况且中国在改革开放中也大量借鉴和采用了"华盛顿共识"中提到的一些具体的经济发展措施。同时，学术界目前对于"北京共识"仍然存在争议，对于"北京共识"能否适用于其他发展中国家仍然抱有疑虑，毕竟中国的国情、文化传统与其他的发展中国家存在巨大的差异。中国独特的发展道路完全是一种内生性的制度变迁，能否将中国的发展经验上升为一种普遍的"共识"还有待时间的检验和深入的研究。

三　本书对中国发展道路的定义

任何一个对自己人民负责的发展中国家政府，都应该根据自己的国情来探索自己的发展道路。但西方国家主导的世界秩序使得很多发展中国家没有这样的选择权，结果只能跟在西方后面亦步亦趋，导致危机不断，这些国家的发展也因此困难重重。在这个意义上，中国是幸运的，中国是个大国，可以主宰自己的命运，可以拒绝外国势力假借任何名义来主导中国未来的发展方向。

中国在过去30多年的现代化建设实践中，在经济、政治、社会、文化、外交等各个方面都创造性地形成了有中国特色的体制，这种体制概括起来就是中国的发展道路。根据十八大报告，中国发展道路就是中国特色社会主义道路。具体地说，就是在中国共产党领导下，立足基本国情，以经济建设为中心，坚持四项基本原则，坚持改革开放，解放和发展社会生产力，建设社会主义市场经济、社会主义民主政治、社会主义先进文化、社会主义和谐社会、社会主义生态文明，促进人的全面发展，逐步实现全体人民共同富裕，建设富强民主文明和谐的社会主义现代化国家。

中国发展道路有八个基本原则：（1）必须坚持人民主体地位。中国特色社会主义是亿万人民自己的事业。要发挥人民主人翁精神，坚持依法治国这个党领导人民治理国家的基本方略，最广泛地动员和组织人民依法管理国家事务和社会事务、管理经济和文化事业、积极投身社会主义现代化建设，更好地保障人民权益，更好地保证人民当家作主。（2）必须坚持解放和发展社会生产力。解放和发展社会生产力是中国特色社会主义的根本任务。要坚持以经济建设为中心，以科学发展为主题，全面推进经济建设、政治建设、文化建设、社会建设、生态文明建设，实现以人为本、全面协调可持续的科学发展。（3）必须坚持推进改革开放。改革开放是坚持和发展中国特色社会主义的必由之路。要始终把改革创新精神贯彻到治国理政各个环节，坚持社会主义市场经济的改革方向，坚持对外开放的基本国策，不断推进理论创新、制度创新、科技创新、文化创新以及其他各方面创新，不断推进我国社会主义制度自我完善和发展。（4）必须坚持维护社会公平正义。公平正义是中国特色社会主义的内在要求。要在全体人民共同奋斗、经济社会发展的基础上，加紧建设对保障社会公平正义具有重大作用的制度，逐步建立以权利公平、机会公平、规则公平为主要内容的社会公平保障体系，努力营造公平的社会环境，保证人民平等参与、平等发展权利。（5）必须坚持走共同富裕的道路。共同富裕是中国特色社会主义的根本原则。要坚持社会主义基本经济制度和分配制度，调整国民收入分配格局，加大再分配调节力度，着力解决收入分配差距较大问题，使发展成果更多更公平惠及全体人民，朝着共同富裕方向稳步前进。（6）必须坚持促进社会和谐。社会和谐是中国特色社会主义的本质属性。要把保障和改善民生放在更加突出的位置，加强和创新社会管理，正确处理改革发展稳定关系，团结一切可以团结的力量，最大限度增加和谐因素，增强社会创造活力，确保人民安居乐业、社会安定有序、国家长治久安。（7）必须坚持和平发展。和平发展是中国特色社会主义的必然选择。要坚持开放的发展、合作的发展、共赢的发展，通过争取和平国际环境发展自己，又以自身发展维护和促进世界和平，扩大同各方利益汇合点，推动建设持久和平、共同繁荣的和谐世界。（8）必须坚持党的领导。中国共产党是中国特色社会主义事业的领导核心。要坚持立党为公、执政为民，加强和改善党的领导，坚持党总揽全局、协调各方的领导核心作用，保持党的先进性和纯洁性，增强党的创造力、凝聚力、战斗力，提高党科学执政、民主执政、依法执政水平。

第二章　中国改革开放 35 年来的
发展成就及其基本经验

任何国家的经济发展都受制或者依赖于特定的制度环境。按照新制度经济学的观点，制度变迁和创新对经济增长会产生非常显著的影响作用。创新是经济发展最重要的动力，改革开放以来中国经济的高速增长也不例外，中国经济发展的动力不仅是技术创新，更重要的是制度创新。改革就是制度创新。

一　中国改革开放 35 年来的经济成就

1978 年改革开放以来，中国经济步入了快速发展的轨道，由低收入国家跃升为上中等收入国家，2012 年人均国民生产总值接近 5000 美元，创造了世界经济发展史的奇迹。经过 30 多年经济持续快速增长，中国的快速发展使大约 3 亿人摆脱了贫困，不仅显著提升了中国人民的生活水平，同时也为世界的减贫事业做出了突出贡献。与此同时，中国的综合国力和经济实力也得到了显著的提升，跃居世界第二大经济体。中国的经济发展不仅造福了本国人民，同时也对拉动世界经济增长发挥着重要的作用。中国的对外开放水平显著提升，从改革开放之初的半封闭社会实现了全方面对外开放，对外贸易总规模跃居全球第二，从 20 世纪 90 年代中期开始一直是吸引外商直接投资最多的发展中国家，特别是 2001 年中国加入 WTO 以来，中国与世界经济的发展联系更为紧密，中国成为世界经济增长最为活跃和积极的因素；中国从改革开放之初农业人口占 80% 以上，到基本完成工业化，城市建设和城镇化水平得到显著增强。在经济建设取得巨大成就的同时，医疗、卫生、教育、科技、文化等社会各方面的建设都取得了极为显著的进步，中国的经济实力和社会面貌发生了历史性转变。

30 多年以来，中国的快速崛起和国际地位显著提升，极大改变了世界的经济和政治格局，这引起了国内外学术界和政策制定者的广泛关注，大量的学术研究、政策报告、新闻媒体都开始探讨中国经济持续高速增长的原因。这里我们主要回顾过去 30 多年来，学术界对中国经济持续高速增长原因从不同角度的解释。

中国改革开放 30 多年取得了巨大的成就，创造了世界经济发展的奇迹：一是经济实现了持续 30 多年的快速增长，综合国力进一步提高。统计表明，1978 年至 2012 年的 34 年间，中国的 GDP 增长了 23 倍，年均增长率高达 9.83%，远高于同期世界经济 3.0% 左右的年均增长速度；其间，人均 GDP 的年均增长率也达到了 8.72%。二是民生得到显著改善，人民生活总体上进入了小康水平。中国农村绝对贫困人口数量从 2.5 亿下降到 1000 多万，绝对贫困发生率由 30% 下降到 1%。中国是目前全球唯一提前实现联合国千年发展目标中贫困人口减半目标的国家。三是初步建立了一个适应经济发展的市场经济体制，市场经济的基本框架已经基本确立。表 2 - 1 显示了中国 GDP 和人均 GDP 按年代的平均增长速度。图2 - 1 和图 2 - 2 分别是 1978—2012 年中国 GDP 和人均 GDP 指数的增长图（1978 年 = 100），和以不变价计算的 1978—2012 年中国 GDP 和人均 GDP 年增长率的变化图。

表 2 - 1　　　　　1978—2012 年中国 GDP 和人均 GDP 年平均增长速度

年份	GDP 年均增长率（%）	人均 GDP 年均增长率（%）
1978—1980	7.7	6.3
1980—1990	9.3	7.7
1990—2000	10.4	9.3
2000—2010	10.5	9.8
2010—2012	8.5	8.0
1978—2012	9.8	8.7

资料来源：根据《中国统计年鉴 2012》和《2012 年国民经济和社会发展统计公报》数据计算。

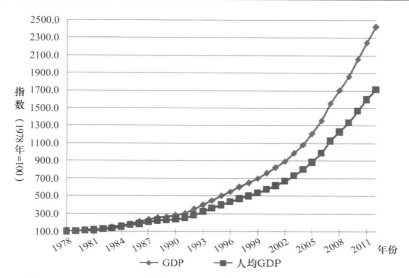

图 2 - 1　1978—2011 年中国 GDP 和人均 GDP 指数（1978 年 = 100）

资料来源：2011 年及以前数据为《中国统计年鉴 2012》，2012 年数据为《2012 年国民经济和社会发展统计公报》。

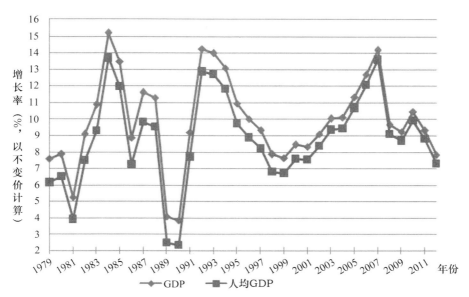

图 2 - 2　1979—2011 年中国 GDP 和人均 GDP 增长率（以不变价计算）

资料来源：同图 2 - 1。

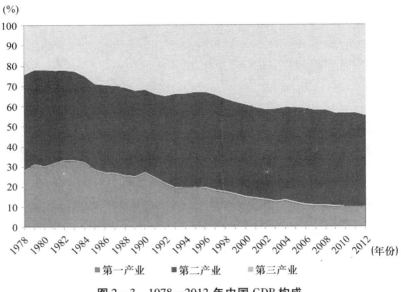

图 2 - 3　1978—2012 年中国 GDP 构成

数据来源：同图 2 - 1。

　　改革开放 30 多年来，中国的产业结构也发生了巨大的变化，图
2 - 3显示了 1978—2012 年中国 GDP 三个产业构成的变化图。在改革开
放的初期，由于中国的经济改革首先是从农业部门开始的，随着中国
农村地区家庭联产承包责任制的普遍推行，农民的生产积极性迅速高
涨，我国农业的增长速度高于其他产业的增长速度，因此，1978—1983
年第一产业占 GDP 的比重持续上升，最高时占 GDP 的比重超过了
30%。但随着改革开放的进一步深入，第二产业和第三产业的增长速
度高于第一产业，从 1984 年开始，第一产业占 GDP 的比重持续下降，
到 2012 年，第一产业占 GDP 的比重只有 10% 左右。

二　主要生产要素的作用

　　新古典经济增长理论（又称索洛增长模型）认为：经济增长的根
本动力来自要素投入和技术进步，而新增长理论在此基础上又突出了
人力资本和内生的技术进步对经济增长的显著贡献。根据这些理论，

我们认为下列生产要素对中国经济的发展是有重要贡献的。

（一）劳动要素供给和"人口红利"的作用

从劳动要素投入的角度来讲，中国经济长期持续增长一个最重要的推动力来自庞大且价格低廉的劳动生产要素供给，即国内学术界经常提到的"人口红利"效应。

改革开放为中国庞大的劳动力松了绑，特别是在改革开放初期，庞大且廉价的劳动力释放出了巨大的生产力和创造力。不仅如此，中国还拥有一批数量巨大且受过良好教育，但在原有体制下无法学以致用的人才，庞大的人力资本储备相对于其他发展中国家来说具有十分显著的优势，同时也有着源源不断的低技能农民工进城，这庞大的劳动要素供给和人力资本要素储备为中国实现经济的持续高速增长提供了坚实的基础和潜力。

劳动要素对经济增长的贡献不仅体现在直接的劳动要素投入方面，更重要地体现为劳动要素在不同部门以及部门内部的重新配置，会极大地促进生产效率的提升，进而对经济增长产生显著的促进作用。蔡昉等（1999，2004）分析了不同时期中国的劳动力、物质资本、人力资本及技术进步对中国经济增长的贡献，发现劳动要素的重新配置对于经济增长发挥了显著的作用。

（二）物质资本投入的作用

从经济增长理论的角度分析，除了庞大的劳动要素供给和人力资本储量之外，中国的高储蓄率和持续大规模的资本投入是推动中国经济增长最为重要的因素。武剑（1999）的研究结果表明，改革开放以来资本投入对经济总产出的贡献率达到 56.3%，超过其他要素贡献的总和，大规模的投资是中国经济增长的主要动力。蔡昉等（1999）的研究同样表明，1978—2000 年，中国经济年平均增长速度为 9.67%，其中物质资本的贡献率超过 51.9%。

从中国与其他东南亚国家的横向比较来看，中国的经济增长一直存在严重的投资依赖倾向。王小广（2010）认为，中国的经济发展道路与东亚其他国家除了具有共同的基本特征之外，中国模式也有明显不同于其他模式的一些特点，主要表现为过度的投资倾向——投资率水平明显高于一般的高投资率国家的水平，并且，投资率存在较高依赖外资增长的倾向。因此，我们可以简要地将中国经济增长的"两个过度依赖"表述为：一是过度依赖房地产投资扩大来带动内需增长，二是过度依赖外商直接投资来扩大出口。

与东亚国家相比，中国的投资率不仅明显偏高，而且持续的时间更长。首先，1978—2007年中国投资率平均值高达38.8%，比其他重要的东亚国家平均值高出5个百分点。更为突出的是，2002年以来中国投资率维持在40%以上的高水平达到6年，这在世界其他国家的发展史上都是很罕见的现象，2003—2007年投资率平均值更是高达42.4%。另外，考虑到数据问题，如果按照地区汇总的数据直接计算，中国2004年以来的投资率应该接近50%，也就是说，中国的实际平均投资率可能超过东亚国家的平均投资率11个百分点以上。

其次，高投资率在中国持续的时间过长。改革开放以来，中国的高投资率已经持续了30多年，而东亚其他国家和地区持续时间一般为18—20年，日本最短，仅为12年。中国长期保持过高的投资率，一方面说明中国的经济发展方式仍然带有十分明显的粗放型特征；另一方面表明，与其他东亚国家相比较，中国政府在现代化过程中干预经济的能力更强，政府的主导作用体现在过强的投资冲动上，由地方官员考核晋升体制导致的各地区间GDP增长的竞赛机制起了关键性的作用。与此同时，近年来中国国内投资的比例结构越来越偏向于房地产投资，或者与房地产投资相关的行业。

除了通过大规模的国内投资来实现经济的快速增长之外，中国的总体投资对外资存在同样较严重的依赖性，据商务部统计，截至2010年中国累计吸收外商直接投资超过1万亿美元，其中90%以上的外商直接投资进入了制造业和房地产相关行业，外资的出口占中国全部出口的比重超过了50%。从20世纪90年代中期以来，中国一直是吸收外商直接投资最多的发展中国家，外资大规模地进入一方面直接增加了中国可用于投资的储蓄规模，特别是缓解了改革开放初期国内资金匮乏的局面；另一方面，进入中国的大量外商直接投资具有显著的产业转移和出口导向特征，因此，外资大量进入的同时通过扩大国内投资和促进出口快速增长两种渠道，对国内经济的快速增长起到了重要的推动作用。

（三）技术进步、人力资本和生产效率提升的作用

按照新古典增长理论和新增长理论的分析，由于存在要素投入报酬递减的经济规律，驱动经济增长的长期动力主要来自技术进步、人力资本积累以及生产效率的提升。

一些学者认为，尽管过去 30 多年来，中国的经济增长从要素投入角度来看，主要得益于要素投入的增长，但全要素生产率的提升同样发挥了重要作用。王小鲁（2000）利用生产函数的估算结果显示，1978—1999 年，中国的全要素生产率年均增长为 1.46%，对经济增长的贡献率为 14.9%。郭庆旺和贾俊雪（2005）的估算显示，1979—2004 年中国的全要素生产率年平均增长约为 0.89%，对经济增长的贡献度仅为 9.46%，其中技术进步对经济增长的平均贡献率为 10.13%，而生产要素的配置改善对经济增长的贡献却为负值。中国全要素生产率对经济增长贡献度较低，一方面原因在于技术进步较为缓慢，更为主要的原因在于生产能力利用水平和技术效率低下，资源配置不合理。但同样有相当多的研究表明，改革开放以来，全要素生产率对经济增长起到了关键性的作用。比如，Hu and Khan（1997）认为，改革开放之后，中国经济增长方式发生了较大的变化。他们的研究表明，1979—1994 年，中国 TFP 年均增长为 4%，对经济增长的贡献超过 40%。Maddison（1998）的研究结果也同样显示：1978—1995 年，TFP 增长对中国经济增长的贡献率在 30%—58%。这种 TFP 的显著提升被很多学者归结于市场化改革的逐步深化，以及随之产生的企业生产和经营效率的提升。

对于人力资本积累对中国经济增长的贡献，蔡昉等（1999）的研究表明：1978—2000 年，人力资本存量对经济增长的年平均贡献率约为 19.8%，而林毅夫和刘明兴（2003）的研究却显示人力资本存量对

中国经济的增长并不存在促进作用。

需要强调的是，尽管学术界对全要素生产率对中国经济增长的贡献程度测算存在显著的差异性，但可以肯定的是，全要素生产率增长对中国经济增长的贡献在不同的发展阶段存在十分显著的差别：改革开放初期，中国经济的高速增长主要依靠"人口红利"和大规模的物质资本投入，随着改革开放水平的逐步提高，全要素生产率的提升对中国经济增长的贡献比重也会相应地提高，特别是近年来，中国劳动力生产成本上升较快，随着"人口红利"的消失，单纯依靠廉价的劳动力和大规模的资本投入来拉动经济增长变得越来越艰难，经济转型面临的压力与日俱增，而经济转型的一个根本任务是把经济增长的重点转移到依靠技术进步和生产效率提升等方面上。

（四）对外贸易和外商直接投资

不容置疑的事实是，中国改革开放的伟大举措同样对中国的技术进步和生产效率提升起到了关键性的推动作用，作为全球最大的发展中国家和人力资本大国，中国具有实现技术进步的良好的先决条件和后发优势。随着中国对外开放步伐的加快，特别是 2001 年中国加入世界贸易组织以来，中国的对外贸易规模呈现极为迅速的发展，贸易开放程度的提高不仅会对经济增长带来直接的促进作用，还会通过两种主要的方式对国内的技术进步和生产效率提升起到促进作用：一是贸易开放会通过"干中学"、技术引进等方式，对国内的产业技术进步产生技术外溢效应；二是贸易开放会引起在不同产业内部和产业部门之间要素的重新配置，通过改善资源配置效率进而对生产效率产生显著的促进作用。

事实上，正是由于过去 30 多年来中国对外贸易规模的快速扩张，导致了劳动力和其他生产要素在农业和非农业部门的大规模重新配置，农业部门大量剩余的劳动力得以重新被充分利用，才使得中国经济释放出了前所未有的增长潜力。从这个角度分析，技术进步和生产效率提升是拉动中国经济增长的主要力量似乎无须太多的质疑。

通过技术进步和生产效率提升的方式，中国对外开放对经济增长的

贡献不仅体现在对外贸易规模的显著扩张之上，更为重要的是，中国
30 多年来一直是吸引跨国直接投资最为重要的东道国之一：得益于良
好的人力资本储备、相对完备的基础设施和廉价的劳动力要素成本，
中国成为发达国家产业转移最为重要的东道国，大量的外资进入不仅
通过直接的方式促进了中国的经济增长，而且通过竞争、示范、劳动力
流动以及产业关联等方式，对国内的产业产生显著的技术外溢效应。
正是得益于大量跨国公司的产业转移，中国才迅速成为世界最为重要
的制造业大国，而且过去 30 多年来中国制造业的技术水平也有了显著
的提高。

三　制度创新与中国经济发展

改革就是一种制度创新，中国经济的高速发展离不开制度创新。

（一）一般性解释

中国经济起飞发端于改革开放战略的推行，改革开放的主要内容就
是对原有计划经济体制下各项制度的变革。正是由于改革开放以来中
国经济社会制度的历史性转变，才得以排除了原有的阻碍经济增长的
各种因素，在根本上保证了生产要素得以更加合理的利用，为技术进
步和生产效率提升创造了广阔的空间，从而使中国经济释放出巨大的
活力。

改革的实质就是制度变迁和制度创新，因此，从制度层面来分析无
疑比从生产要素投入和技术进步角度，更能够从根本上把握中国经济
高速增长的原因。哈勒根和张军（1999）的实证结果支持了改革制度
内生的假设，并且表明：具有较好的初始条件与改革派政府的国家，其
经济改革的速度会相对更快一些，改革的初始条件和改革速度都会对
经济增长产生显著影响，改革速度的提高对经济增长率的正面作用相
当大。Qian 等（1999）从组织角度来解释中国与东欧在改革中经济绩
效的差异，他们认为中国合适的改革路径选择导致了中国经济的快速
增长：中国的"M"形中央计划组织框架比东欧的"U"形更有信息优

势，适宜于渐进式改革。Law 等（2000）分析了中国的双轨制改革后认为，在双轨制中，通过保证计划的实施，计划轨确保了既得利益集团的利益不受损害，尽可能地减少了改革的阻力；在此基础上引入市场轨，通过帕累托改进，使资源配置逐步达到帕累托最优。因此，中国走的是一条没有利益受损者的、改革阻力相对最小的改革之路，正是因为这样，中国经济才实现了高速增长。王小鲁（2000）肯定了在改革期间，储蓄的提高以及外资投入的大量增加对经济增长的促进作用，但是他认为，中国经济高速增长更为重要的贡献因素在于：市场化改革和制度变革所带来的大规模生产要素的重新配置，因为它们带来了全要素生产率的增长和投资效率的提高。他进一步认为，今后中国要继续保持中高速度增长，必须进行更深层次的体制改革和政策调整。

（二）中国的特殊性——有效激励

尽管学术界普遍认可：制度创新是推动中国经济高速增长的根本性原因，但是，从制度角度来解释中国经济高速增长仍然无法回避的一个难题是：从标准的新制度经济学理论分析角度来看，完善健全的法制基础、产权制度、金融体系和商业环境都是保证经济增长的关键性因素，相对于西方发达国家，中国的市场经济制度并不完善，法治基础也并不健全，还有诸如国有企业的改革尚未完成，金融市场的运行效率也受到广泛的批评，知识产权保护力度也有待加强等各种问题，因此，单纯的传统的新制度经济学理论并不能正确解释中国的经济增长，其根本的原因就在于：中国的改革不仅包括这些标准的新制度经济学理论所强调的制度基础，同时还包括一系列的其他制度改革和创新，比如土地、财政税收、收入分配制度等方面的同步配套性改革措施，而正是这些标准理论并未提及的改革措施可能对中国尚处在转型期间的经济发展起到了更大且更为有效的促进作用。

鉴于标准的新制度经济学理论分析并不能从根本上解释中国经济高速增长的原因，学术界很多学者转向了从制度变革和创新所产生的有效激励，来阐释中国经济高速增长的原因。其核心的观点是：只有当经济发展中主要参与者有着正确激励的时候，经济繁荣才会降临。过去，尽管许多发展中国家实施了各种政策措施和援助，但仍然没有实现长期有效的经济增长，其中，最大的问题就是没有"把激励搞对"。激励产生于制度的设计，之所以在法治基础薄弱和市场经济尚未完善的情况下，中国经济能够取得高速的增长，关键就在于中国的经济改革建立了一套十分有效的激励机制。

事实上，中国的经济改革本质上是改变计划经济条件下，各种低效甚至是无效的激励制度，正是通过改革才打破了平均主义和铁饭碗，将责任、权力和利益紧密联系起来，目的是增加激励，提高人民的积极性。中国农村实行的联产承包责任制，调动的就是农民发展农业生产的积极性。国有企业改革从"放权让利"到承包制、租赁制和股份制，都是企图激发企业的积极性。中国地方财政承包制度则是促进地方政府努力发展本地经济的重要因素。因此，从制度创新所产生的有效激励角度来理解改革，才能真正地理解改革之于中国经济增长的重要性。

（三）有效激励一：财政激励

从激励的视角来解释中国的经济增长，首先需要明确的是经济繁荣的主要参与者，即激励主体。显然，中国经济发展最主要的参与者就是政府，解释中国的经济增长就必须理解改革开放是通过哪些方式显著增强了中国的各级地方政府积极性，即中国各级政府的激励是如何通过改革产生的？由于中国的市场经济体制尚未完善且法治基础较为薄弱，政府的"看得见的手"随处可见，中国的经济发展被打上了深深的政府行为烙印。

较早分析中国各级政府促进经济增长的激励理论是财政激励。财政激励主要是从财政分权的视角，将中国的高速经济增长归结于具有中国特色的"保护市场的财政联邦主义"，当时的分权模式——"财政承包制"，产生了地方支持经济发展的激励。财政激励来源于中国的财政体制改革。中国财政体制的核心是通过财政分权向地方政府和企业提供了发展自主权。中央将很多财权也同时下放到地方，实施财政包干契约，使得地方可以与中央分享财政收入：财政收入越高，地方的留存就越多。在"经济人"本性的驱使下，行政分权和以财政包干为内容的财政分权改革对地方政府产生了强有效的激励作用，使得中国地方政府有特别高的热情去维护市场，推动地方经济增长。在分散的财政体制下，由于要素流动下的财政竞争增加了政府援助国有企业的机会成本，地方政府不再有激励向经营绩效不佳的国有企业提供援助。

　　但是，财政分权还不足以构成中国经济发展的全部激励。中国在1994年进行分税制改革后，中央在预算内收入中所占份额大大提高，地方政府所占份额也就相应缩减了，而与此同时进行的大规模企业转制，使得地方政府实际支出责任显著增加。但当财权上收和地方支出责任增加之后，中国经济却延续了分税制改革前的高增长率。这是财政激励所解释不了的。而"市场维持型财政联邦主义"在实际问题的解释过程中也存在很多问题：

　　第一，"中国特色的联邦主义"假说特别强调了中央和地方的行政和财政分权必须具有高度的稳定性才能发挥激励效应。但是自分权改革以来，中央和地方管理权限的划分一直处于不断调整和变动之中：在大多数场合，这些调整直接损害了地方政府的利益，但地方政府推动经济增长的热情并没有受到显著影响，地方经济反而发展更加迅速。这显然不是财政激励的作用，而存在其他的激励机制。实行财政分税制和承包制的改革之后，中央政府在显著向上集中了财政收入的同时，分税制改革并未相应调整不同级别政府间支出责任的划分。而同一时期国有企业、乡镇企业大规模改制极大地增加了地方社保支出压力，结果是地方实际支出责任显著增加，地方政府不得不全力增加本地财源。除了强化新税制下属于地方独享税的营业税、所得税的征收外，地方政府逐渐开始通过大规模的招商引资来争夺制造业投资，同时开拓以土地出让、各种行政事业性收费为主体的新预算外收入来源。正是由于无法继续从改制的国有企业、乡镇企业继续获取稳定财源，地方政府才开始逐渐热衷于吸引私人包括海外投资来培养新的地方税基。与此相对应的是，地方政府在经济发展中所扮演的角色也逐渐从地方国有企业、乡镇企业的所有者，而逐渐过渡为本地企业的征税者。非常明显，相比原先那种归地方政府所有的、必须在本地生产并为地方创造财源的国有企业或乡镇企业，私营企业或外企具有更大的流动性，它们会根据各个地方政府所提供的招商引资条件的优惠程度，主动地选择投资地，而各个地方政府为了扩大地方税基会争夺投资，从而导致了激烈竞争。采取分税制后，由于地方政府争取制造业投资的税收工具日益缩减，地方政府开始更依赖于各种非税收的手段。除了降低劳工、环保的管制要求外，提供廉价的工业用地和补贴性的配套基础设施已经成为制造业投资竞争的主要工具。

第二，"中国特色的联邦主义"假说强调其维护市场的功能。然而，现实的政府行为与一个良好的市场经济所需的政府职能的合理设计之间存在严重冲突，如地方保护主义、行政垄断、政府对产业和企业的过度管制和干预等，这显然与"财政联邦主义"维护市场的功能相悖。

第三，"财政联邦主义"将利益主体定义为地方政府，但是，中国不是联邦制国家，中国的地方政府是向上负责的，而且中国的地方行政长官对政府决策的影响力要大大高于民主国家，长官意志的痕迹很明显。因此，研究中国地方政府不能忽视地方领导尤其是一把手的行为偏好。这是"财政联邦主义"所没有注意到的。

（四）有效激励二：官员晋升

显然，单纯从财政分权的角度并不能从根本上明确：地方政府促进经济发展的积极性和激励性来源于何处？更为关键和重要的是，中国各级地方政府促进经济增长的最为关键的激励措施就在于：经济发展绩效与官员的晋升之间存在十分密切的关系。无论是财政分权，还是土地税收制度改革，都是通过各级地方政府官员来具体落实和执行的，所以，更为关键的是中央政府逐渐形成了一种新的激励机制设计：将地方经济发展的绩效与官员的晋升结合起来。

因此，一个研究中国经济增长激励机制的全新视角就是考察地方官员的激励模式，因为在中国，地方领导官员的偏好决定着地方政府的行为。鉴于中国两千年来的官僚体制文化和"官本位"思想，官员的首要目标自然是升官，因为升了官就可以获得更大的权力和资源支配能力。可以说，在中国，晋升是对官员的最大激励，这就是研究地方官员激励机制的突破口。

周黎安（2007）通过对晋升锦标赛模式的研究，揭示了这种特定模式与中国高速经济增长及其各种特有问题的内在关联。他认为，以用经济增长考核官员为基础的晋升锦标赛结合了转型时期中国政治体制和经济结构的独特性质，在政府官员拥有巨大的行政权力和自由处置权的情况下，以一种具有中国特色的方式，激励地方官员推动地方经济发展。从国际范围比较的角度看，地方政府在中国经济增长的奇迹中起到了巨大的作用，其制度基础就是晋升锦标赛模式。他同时也注意到晋升锦标赛自身所存在的一些缺陷，首先，政治竞争的零和博弈特性会导致区域间恶性经济竞争；其次，面对政府职能的多维度和多任务时，晋升锦标赛却使得地方官员只关心可测度的经济绩效，而忽略了许多不可测度但是有长期影响的因素；最后，晋升锦标赛使地方官员在地区间晋升博弈中扮演参赛运动员角色，但与此同时，政府职能又要求他们要担当辖区内市场经济发展的裁判员，这种既是裁判员又是运动员的独特地位，往往会导致地方政府利用裁判员的便利来做运动员的事情，从而干扰正常市场经济的发展。这些问题都制约着中国经济的日益发展和市场经济的进一步完善，中国的进一步改革必须实施晋升锦标赛模式的转型。

周黎安开创了从官员激励的视角研究中国经济增长的先例，如今该领域已经成为解释中国经济现象的一个重要分支。王世磊和张军（2008）分析了在此激励机制作用下，地方政府改善物质基础设施的表现。梁若冰（2010）从晋升激励的视角研究了地方政府"以地生财"的土地财政与各地层出不穷的土地违法案件。徐现祥和王贤（2010）定量分析了政治激励对中国经济增长的促进作用，增进了人们对中国经济增长中的政治激励的理解。

四　中国的基本经验

中国能够长期保持高速的增长，除了依靠大规模的要素投入、技术进步和有效的激励制度创新之外，还与基于自身国情选择的独特的改革开放和发展路径存在密切关系。尽管世界上奉行对外开放并且具有后发优势的发展中国家（或者经济转型国家）的数量并不少，但能像中国一样保持经济长期高速增长的发展中国家很少见，这在很大程度上依赖于中国选择的改革方式和发展路径，其主要的特征可以总结为以下几点。

（一）政治和社会稳定

中国在 30 多年的经济发展过程中，始终奉行保持社会稳定的政治保障制度。与很多发展中国家和转型国家不同的是，中国存在一个强有力的政党以及在这个党领导下的强有力的政府，尤其有一个富有权威的中央政府，这是中国改革开放走向成功的重要政治前提。社会心理学的研究表明，经济发展水平较低的计划经济国家在向市场经济的转轨过程中，国民的心理往往是离散的。具有一个强有力的政府，这对国民的团结奋斗具有心理上的强化和凝聚作用，也是确保社会长期稳定的政治前提。在国内和国际政治经济错综复杂的条件下，没有一个长期稳定的社会和政府，改革开放发展战略的顺利进行和成功是不可想象的。

1978 年以后，中国出现了新中国成立以来时间最长的政治稳定、社会稳定的政治局面，逐步重建国家基本制度，全面建设社会主义法制，以渐进方式改革党和国家的领导制度，废除领导"终身制"，逐步实行决策科学化、民主化，也改进了公共政策决策机制。从国家制度混乱缺失的状态，快速转变到国家制度全面建设的改革时期，这也是自新中国成立以来最好的政治稳定与开明时期。其次是宏观经济稳定，保持宏观经济稳定是现代经济发展的重要基石。改革开放以来是新中国成立后宏观经济最稳定的时期，经济增长率的波动系数最小，基本属于无波动经济增长时期。再次是社会稳定，20 世纪 80 年代上半期，由基层发动的农村家庭联产承包责任制在全国得以普及，让数亿农民摆脱了贫困。由于改革开放带来社会事业的全面发展和进步，人心思定，绝大多数人认同改革，并对改革的前景充满了良好的预期。这为改革的顺利推进奠定了良好的社会基础。无论从中国发展的历史，还是从世界各国发展的历史来看，天下大治的时代就是经济繁荣和社会进步的时代，天下大乱的时代就是经济衰败和社会退化的时代。改革开放以来良好的社会、政治、经济环境等为中国的迅速发展奠定了坚实的根基。

（二）诱致性制度变迁和渐进式改革

从中国改革的具体战略来看，与苏联和东欧同样处于计划经济向市场经济转型的国家形成鲜明对比，中国没有采取强制性的制度变迁和"激进式"改革策略，而是采取了诱致性制度变迁和"渐进式"的改革，"摸着石头过河"成了中国改革战略的最形象的表述。

强制性的制度变迁和"激进式"的改革策略、改革措施在多数情况下具有很强的刚性，期望通过一系列的政策组合或者外部力量，在短期内完成国家在政治和经济制度上的彻底转型，这种改革策略的推行很难平衡社会不同利益集团，并且在大多数情况下会脱离本国的实际情况，极容易造成社会矛盾的激化。苏联和东欧经济转型国家就是典型的例证，这些国家希望通过采取激进的策略来推行"新自由主义"的经济政治发展理念，造成了社会严重的动荡和国民经济的惨重损失。相反，采取诱致性制度变迁和"渐进式"的改革策略则具有较大的柔性。

经济发展和改革策略能不能行得通要靠市场和实践来检验，因此，中国几乎所有的改革策略都是采取做"实验"的方式进行推行：首先选取几个地区进行"试点"，观察其具体的效果，然后再决定是否将改革的具体措施普及整个国家层面。这样的改革路径极大地缓和了社会矛盾，避免了新体制和旧体制的激烈碰撞，有效地保证了改革具体措施的顺利推行。例如，对国有制经济的改革，中国并没有像苏联那样搞全面快速的私有化，而是采用渐进式多元化的改革方式。当国有企业改革改不动时，先不急于以硬碰硬的方式进行改革。一方面，逐步在国有企业内注入新体制因素，让新体制因素逐步"蚕食"旧体制因素，促进新体制因素的逐步成长；另一方面，在国有企业旁边发展起来一批私营和外资等非国有制经济，对国有经济形成强有力的竞争和压力，以内在压力和外部示范这样的双重作用来推进国有企业的改革。如果在改革早期，社会保障制度尚未健全和民众承受心理还比较脆弱的情况下，强行和硬性在国有部门搞资产重组并购和职工下岗分流，势必会使千百万职工的利益严重受损，极容易激化各种社会矛盾并引发社会动乱，从而使整个改革开放的良好局面变得不可收拾。

（三）政府主导型的经济改革

中国的经济改革和对外开放的本质是建立一个完善且高效的市场经济，但中国需要建立的市场经济始终坚持"政府干预为辅，市场调控为主"的改革方向，反对并且警惕市场万能、市场原教旨主义和"新自由主义"所提倡的市场经济改革方向。虽然我们不能否认西方发达国家，在成熟且完善的市场经济条件下创造了高度的物质和精神文明，但在中国人口多、基础差、法治观念薄弱、历史文化与西方发达国家有本质区别的基本国情下，试图建立一个类似西方发达国家的市场经济来调控经济显然是极不现实的。

改革开放 30 多年来，中国政府成功地坚持了"发展是硬道理"，并以高度的稳定和有效的宏观经济政策来保障和推动发展。所以，很多人把中国改革开放 30 多年经济的成功归于政府主导型的经济改革和转型模式。规范、成熟的市场经济中政府的作用主要体现在以下几个方面：（1）调节收入分配；（2）纠正市场失灵；（3）维护司法公正；（4）制约垄断、鼓励竞争；（5）提供公共物品和服务；（6）进行宏观调控。

中国特色的社会主义市场经济作为中国经济建设的目标模式，应该是一个政治稳定、民主，政府廉洁高效，法制健全，社会和谐，人民安居乐业，市场成熟、规范、开放，经济可持续发展的一种经济和社会状态。但是，现阶段中国的市场经济离规范、高效还差得较远。我们的市场经济还不成熟、不规范，还有很多市场失灵；城乡差别、地区差别以及收入不均的问题还很严重；民营经济发展方兴未艾、政府垄断资源的问题有待解决；和谐社会有待建立、公民的教育水平、健康水平以及整体素质有待提高；发展方式和经济结构亟待转变，等等。

政府在建设"中国特色社会主义市场经济"中的主要作用体现在

以下几个方面。一是，在国有经济仍然在涉及国计民生的领域占据主导地位的背景下，政府应该考虑的是如何更有力地发展民营经济。二是，政府需要积极倡导和扶持集体主义精神、爱国主义精神；建设具有中国特色的社区服务、社会管理；进一步发扬和提升在危急状况下调动资源和组织应急的能力及模式；在尊重民主的基础上对健康文化和社会风气的引导；中国社会的反无政府主义文化可以支持政府更有效地提供公共物品和服务、控制市场失败。三是，建立高效、规范的社会主义市场经济，中国需要进一步解决政府缺位和越位的问题。政府的缺位和越位主要表现在：对收入分配的调节还不到位；对市场失败的监控力度以及效益需要提高；对公共物品和公共服务的提供需要加强；服务型政府的文化有待建立；市场规范和游戏规则需得到更好地维护；对没有自然垄断属性，也不涉及国家安全的产业和资源的垄断应该停止，独立于行政干预、更加高效公正的司法体系有待建立。

第三章　世界主要国家发展道路分析

一　美国发展道路

（一）美国经济发展历史简述

从美国人均 GDP 的增长情况来看，一个基本的趋势是：1300—1800 年，增长速度十分缓慢；1800—1900 年，增长开始提速；1900 年以后，经济增长骤然提速，并且维持了相当长一段时间；全球金融危机以来，增速又有所放缓。

1492 年，当哥伦布发现新大陆时，美洲的主要居住者是印第安人。17 世纪，欧洲人开始了对美洲的殖民，18 世纪，殖民迅速扩张，土著人口或被杀掉或被赶走，同时奴隶被大量输入，尤其在南方，种植园所使用的劳动力主要是奴隶。在北方，人口主要由经营家庭农场的白人构成。新的经济视野和广阔领土的获得促使人口大规模从欧洲迁入。1776—1783 年的独立战争使美国摆脱了英国的殖民统治，成为一个独立国家。

18 世纪美国经济增长十分迅速。1820 年，美国的人均实际 GDP 水平已经超过西班牙、法国和意大利。1700—1820 年，美国以人均实际 GDP 表示的经济增长率是英国的两倍。

关于这个时期美国经济增长的一个重要问题是，美国为什么会比墨西哥发展快？墨西哥在 1825 年前一直是西班牙的殖民地，起初，墨西哥的经济发展程度高于美国，但是美国的发展速度远超过墨西哥，目前的解释包括：英国对美国的掠夺与限制程度较低，美国人口受教育程度、社会流动性与学术自由更高，更加强调教育的实用性与创造性等。

1861—1865 年，美国南北战争，之后，美国废除了奴隶制，恢复了统一，为经济的进一步发展开辟了道路。农业在美国经济结构中的重要性显著降低，工业和服务业的份额相应提升。1820 年，70% 的美国劳动者在农业部门工作，到 1890 年，农业、工业和服务业就业人数占总就业人数的比例分别是 38%、24% 和 38%。

1820—1950 年，美国总人口年均复合增长率达到 2.12%，超过 1700—1820 年的 1.94%。第二次世界大战后到第一次石油危机爆发，美国的人口增长率无论从绝对数还是与其他发达国家的相对数来说，都有所放缓。1973 年后进一步放缓。

1820—1950 年，美国的高人口增长率主要来自高人口出生率以及移民。1820 年，美国每百人出生率为 5.5，远高于英国的 4.0 和法国的 3.2。19 世纪初以蒸汽机作为动力的轮船出现后，交通技术的进步促使横跨大西洋的定期航班在 19 世纪 80 年代开通，欧洲移民可以在 10 天内从利物浦到达纽约，因而大量移民进入美国。

在此期间，铁路技术也取得了突破。到 1913 年全世界投入使用的铁路长度已经达到近 100 万公里，其中近一半在美国和加拿大、澳大利亚、新西兰等西方衍生国家，从而方便了国内的人员流动，提高了城镇化水平，增加了有效市场的规模，促进了经济发展。

1914 年，第一次世界大战爆发，1917 年，美国被卷入大战旋涡中。1929 年经济大恐慌爆发，工厂商店关门，银行倒闭，一片萧条。1932 年，罗斯福当选总统，他主张政府应拿出行动来结束经济大恐慌，新政府虽然解决了许多的困难，但美国的经济还是要到第二次世界大战，才苏醒起来。第二次世界大战后美国经济的发展，大体可以划分为三个阶段：第一阶段，战争结束后，经过恢复与改造，到 20 世纪五六十年代，经济持续发展，西部、南部呈现繁荣景象；第二阶段，面对危机与"通胀"，经过调整，到 20 世纪 80 年代中期以后，经济形势好转，但债务负担沉重；第三阶段，通过调整政策，90 年代以来，经济持续稳定发展，进入新经济时代。

在经历了一段快速发展时期后，2007 年美国次贷危机爆发，2008 年美国进入衰退期。2009 年下半年以来，美国经济开始缓慢复苏。但直到现在，美国经济增长一直动力不足。

（二）美国的发展道路和经验

我们从技术进步、产业结构调整、城市化、对外开放以及收入分配五个方面对美国发展道路的特征进行分析。

1. 技术进步

全要素生产率是对所有投入要素在生产过程中利用效率的度量。经济学家用增长核算来度量投入要素对产出增长的贡献，产出增长率与投入增长的贡献之间的差距表示全要素生产率的增长率，代表着各种形式的技术变化所产生的影响。技术变化的作用不仅在于对生产的直接影响，而且对于生产组织也有着重要的长期影响，后者反过来会影响经济增长。这也促使我们从长期角度来考察经济增长。

（1）技术进步而不是资本积累是美国经济增长的主要原因

索洛（1957）计算了美国非农业私营部门 20 世纪上半叶（1909—1949 年）的全要素生产率增长，他认为，技术进步可以解释这一阶段美国每人时产出增长的 87.5%，其余 12.5% 归因于资本的增长。索罗在构造投入度量的方法时没有考虑要素质量的改进，从而有可能高估美国全要素生产率提高对经济增长的贡献，因为劳动者平均受教育年限的提高，生产和分配组织的改进以及扭曲政策的减少都可能被归于全要素生产率的增长。

乔根森等（2001）调整了投入变量的构造，考虑了质量调整。他考察的时间段是 1960—1995 年，从他的研究中可以看出，美国 1960—1973 年全要素生产率增长较快；1960—1995 年，在 G7 国家中，美国全要素生产率增长仅排倒数第二位。麦迪逊（2001）的计算显示，1913—1973 年，美国的全要素生产率年均增长 1.6%—1.7%，1973—1998 年只有此前的大约 1/3 了。

戈登（2000）发现 19 世纪晚期美国全要素生产率增长放慢，1928—1950 年加速至顶点，1972 年后放慢，这种放慢有点难以理解。

关于增长率的加速戈登的解释是四个发明簇的扩散（the diffusion of four great clusters of inventions），信息技术革命与之相比相形见绌。另一个解释是，此期间美国劳动市场对移民以及美国商品市场对进口的限制导致实际工资的暂时上涨，进而刺激生产率增长，开放后（1972 年以后）生产率又下降了。

（2）教育与研发是美国技术进步的源泉

教育是美国生产率提高的重要源泉之一。1915—1999 年，美国工人的教育生产率年均增长 0.53%（根据链式加权指数），由于 1913—1966 年美国非农业、非建筑企业工人劳动生产率为 1.62%，因此 20 世纪，约 1/4 的美国工人平均收入增长来自教育进步。美国 20 世纪教育生产率的提高主要应归功于 1910 — 1940 年的高中运动，制度和政治原因共同导致了美国在教育方面的领先地位，即更加普遍的公民权和分散的决策，也是因为美国更高的地理流动性和技术动态，这两个因素进一步加强了教育。

研发是美国技术进步的另一重要源泉。来自美国国家科学基金的数据显示，1953—2002 年美国的研发支出一直呈上升势头，主要的增长来自非联邦支出。对于私人研发对产出增长的弹性估计，随着样本和研究方法的不同而存在显著差异。使用截面和企业数据大致在 0.1—0.2，使用时间序列和企业数据在 0.08—0.12，低于前者；使用总量数据在 0.1—0.17。从时间序列看，研发投入对于生产率提高的作用并不大，但问题在于，研发投入存量是平滑序列，年度间的变化小，而增长是年度变化的。20 世纪 70 年代生产率增长放慢，关注非政府研发投入的研究认为其对于生产率放慢的作用很小或者接近不存在（BLS，1989；Zvi Griliches，1988），而将政府研发投入包括在内或者关注溢出效应的研究发现了其作用巨大（John Kendrick，1984；Frederic Scherer，1983）。Griliches（1992）认为生产率增长取决于研发外溢的程度，研发投入的社会回报越大，对生产率增长放慢的解释力度越大。

研发密度和教育成就的增长意味着美国经济远离稳态，这两个因素因而与转轨动态相联系。增长是不稳定的，而研发密度和教育成就是稳定增长的（解释了 80% 最近美国的增长），不到 20% 来自世界人口

的增长，因为世界范围内的知识发现取决于人口增长。1950—1993 年
美国受教育年限的提高（平均增加了 4 年的学校教育）解释了每小时
产出超过 1/3 的增长，美、法、联邦德国、英国和日本等国研发密度的
上升解释了约 50% 的增长，只有 10%—20% 归因于就业的增长。

（3）蒸汽机、电力和计算机等重大技术进步导致美国经济非平稳
增长

1973 年石油危机后美国全要素生产率增长率降低，尽管参与研发
的科学家与工程师数目快速上升。即使石油危机引发了技术放慢，技
术放慢也不应该延续那么长的时间。计算机技术的引用可能是石油危
机后美国生产率增长放缓的一个原因。

通常而言，技术进步被看作一个渐进的过程，但是诸如蒸汽机、电
力和计算机等剧烈的变革，且有潜在的广泛用途、引发了许多互补投
入要素的发展、发起了包括车间重新组织在内的持续的调整过程，从
而导致经济的非平稳增长，刚开始持续放缓，紧接着突然加速。关于这
种周期的形成存在各种解释，包括企业的学习过程，资源转向开发与
新技术相配套的投入要素，工人的学习过程等。

2. 产业结构调整

1783—1860 年，农业是美国的主要产业，交通和工业主要为农业
服务。直到 1832 年左右，美国大约仍旧有 4/5 的人口从事农业。1832
年以后，这个比例迅速下降。

美国的制造业是在 1812 年第二次独立战争中出现的，当时，抵制
英国货的进口起了促进作用。但是，直到 1850 年，美国绝大多数制造
业还是家庭手工业和雇佣学徒的手工作坊，1860 年开始的南北战争给
美国带来了工业革命，使工厂制度在美国扎下了根。南北战争中，北方
工业资本取得了胜利，奴隶制度被废除，统一大市场得以建立，美国因
此迅速上升为世界第一工业大国。1900 年美国农村人口所占的比重是
51.7%，到 1910 年已经下降到 45.3%。1840 年美国制成品的价值在世
界名列第五，1860 年上升到第四位，1894 年已经名列第一。当时，美
国生产的工业品价值已经相当于英国的两倍，等于所有欧洲国家之和
的一半。

　　工业经济的成熟使美国逐步成为服务业比重最大的社会。第二次世界大战后，美国制造业产值占国民生产总值的 30% 左右，以后逐年下降，1947 年为 29.6%，1970 年为 30.1%，1997 年下降到 16.0%。1929 年，美国服务业就业人口在非农业就业人口中占 57.5%。1979 年，它的比重达到 71.5%。1995 年，服务业产值占国民生产总值的比重为 72%。

　　20 世纪 70 年代以来，美国的科学技术加速发展，知识密集型产业特别是信息业大量涌现，知识产业和信息服务业的产生，推动美国进入了服务经济的高级阶段——知识经济的大门。信息产业的创新自 20 世纪 70 年代以来在美国经历了三个阶段。第一阶段是 20 世纪 70 年代，以大型计算机为中心的创新；第二阶段是 20 世纪 80 年代，以个人计算机为中心的创新；第三阶段是 20 世纪 90 年代，以计算机和通信相结合的网络技术为中心的创新。

　　在美国从农业国向工业国的转变过程中，多种因素发挥了重要作用：技术的进步，先是蒸汽动力后是电力的使用，提高了劳动生产率；农业的长期稳步发展，为工业起飞积累了必要的资金；内河航运和公路的发展，特别是铁路的扩张以及电报电话业务的发展使统一的国内市场的形成成为可能；工业的发展又推动了美国对外贸易的扩大，使美国商品拓展了海外市场。在这一时期还出现公司，尤其是工业股份有限公司的数量及其产品在工业产值中所占比重均有惊人的增长，即公司的发展与工业的进展同步进行。这说明，公司在美国工业和经济发展中扮演了一个重要角色。

　　推动美国公司大发展的根本动力在于经济的需求，尤其是筹集资本的需求。从 19 世纪初开始，美国进入工业革命时期，以动力传动机器装备起来的近代工厂的建立，在当时已非个人财力甚至合伙人的财力所能完成。

　　促动公司崛起的另一个经济因素在于信用制度，特别是其中的票据交换制度的普及，投资者的数量和范围因此而大规模地增加和扩大。内战后，以 J. P. 摩根公司为代表的投资银行的兴起，以及后来的投资信托公司的兴起，更使得公司的数量和规模大增。

公司法律地位的确定为公司的崛起奠定了法律基础。美国宪法中确认了国家的主权地位及个人的权利，但对由许多个人组成的公司这类社团却毫无涉及，公司法律地位的确认是 1819 年联邦最高法院首席大法官约翰·马歇尔在"达特默思学院诉伍德沃德案"中完成的。在马歇尔的阐述中，公司在法律上被看作具有永久生命的法人。这一特征使得企业公司具有了个人业主或合伙企业所没有的优势。由于公司在法律上具有永久的生命（除非公司依法破产或解散），其生命与该公司投资者（持股人）的生命无关，因此，当一个持股人死亡，其股票可以转卖给他人而不必影响公司的业务。但在合伙企业中，当一个合伙人死亡或者撤资，那么企业就得宣告解散或重组。对于一个企业来说，这势必要影响其经营活动，有时甚至会带来灾难性的后果。

有限责任是公司相对于个人企业与合伙企业的另一个优势。美国最初的公司一般都不具有有限责任。许多州在公司特许状中规定，开业公司的持股人，或是像合伙企业中的合伙人那样，要对公司的债务承担无限责任；或是像英国的股份两合公司那样，对公司债务承担"加倍责任"，即承担资金数额相当于其投资额两倍的债务责任。直到 1830 年，马萨诸塞州才通过一个一般有限责任的法案。到 1860 年时，有限责任的原则才开始在各州普遍化。有限责任的普遍赋予，成了推动公司在美国迅速普及的原因之一。

公司的崛起及其迅猛发展无疑推动了美国工业和经济的迅速发展。它首先解决了美国进入工业革命后，经济起飞时期的资金筹集问题，促动了企业和生产规模的扩大，直接推动了企业管理的改进。资金的筹集、技术的进步和管理的科学化是任何一个国家经济起飞的三大要素，公司的崛起有效地解决了其中的两个要素问题。

然而随着公司的发展及其规模的不断扩大，公司主要目的在于追求最大利润的本来面目日益显现，逐渐演变成置公众利益于不顾的拼命寻求扩大私人商业机会的工具。它们千方百计地逃避和摆脱公众和政府的监督和控制，甚至以自己雄厚的财力为基础，寻求与此相称的对政治生活的控制权。在公司联合与兼并过程中，大公司凭借自己占有的雄厚资本，使用各种经济的和超经济的手段来对付中小企业竞争者。

这类不公平竞争的结果，常常使中小企业陷于破产，遭到兼并。1895—1904 年的 10 年间，美国"几乎有一半企业被吞并了"。

大公司控制国家经济生活使得公众与公司之间的矛盾日益突出，纷纷要求政府对大公司进行管制。1890 年和 1914 年，美国国会分别制定了《谢尔曼法》和《克莱顿法》，将限制和减少竞争、企图垄断的公司及其实行的价格差别对待、订立销售合同、购买竞争者的股票、大公司之间的连锁董事会等经营活动宣布为非法，反托拉斯法的制定标志着联邦政府对私人公司严格意义上的管制。

3. 城市化

美国是高度城市化的国家，它早在 19 世纪就开始了从农村社会向城市社会的转变。工业化的启动以及国内市场的扩大使城市数量迅速增加、城市规模逐渐扩大，城市空间结构也随之发生显著变化，由最初的紧凑和密集结构向多中心分散结构发展。

若把城市人口占总人口比例在 10% 以上看作城市化的开始，把城市人口占总人口比例在 50% 以上看作初步城市化的完成，那么美国城市化的历史可分为三个阶段。

城市化酝酿时期（1690—1830 年）。这一时期美国的城市数量少，城市人口增长不稳定。1690 年至 1820 年这一百多年间，城市数量从 4 座增加到 61 座，但城市人口的比例由 1690 年的 8.3% 降到 5.1%，后又升至 1820 年的 7.2%。尽管本时期城市化还未开始，但殖民地时期美国东海岸城市的迅速发展为后期城市化奠定了基础。这些城市大多拥有优良的港口以及富饶的土地，同时靠近适于航行的河流（如波士顿），不仅成为内陆大宗农产品出口到欧洲的中转站，而且更为重要的是，由于信息的外溢效应，这里成了商人的聚集地，为工业化和城市化奠定了基础。

城市化开始、加速及初步完成时期（1830—1920 年）。这一时期是美国工业化的关键时期，尤其是内战后，美国城市化进程加速发展。以南北战争为界，这一时期可分为内战前（1830—1865 年）和内战后（1865—1920 年）两个阶段。

内战前（1830—1865 年），美国工业化决定城市化，即先有了工业，有了相关产业和制造商在空间上的集聚才有了城市和产业带的发展，而城市化又反过来推动了相关产业的发展。在美国工业化早期，城市集中于工业化开始的地方，即美国东北部。城市人口比例由 1820 年的 7.2% 上升到 1860 年的 20%，且在 1820—1860 年，城市人口以每十年平均增加 57% 的速度增长，城市规模相应增大。1820 年，10 万人以上的城市仅有 1 座，而到 1860 年，增加到 9 座。交通运输技术的改进以及西进运动，带动了西部城市的发展，尤其是中西部和五大湖区。西部贵重金属的发现和开采，使旧金山湾地区和科罗拉多州北部派克峰一带出现了很多矿业城镇。工业化、城市化带动区域经济的分化。美国早期的工业化导致美国区域经济的首次分化。工业化之前，国内市场所需的工业品由城市里的工匠生产，而 19 世纪上半期的工业化，使得制造业从工匠的作坊转移到非机械化或机械化的大工厂，这带来劳动生产率以及全要素生产率的巨大增长。随着制造业向东北部的集中，区域经济的分化出现。1840 年，新英格兰和中大西洋地区的非农产业就业份额分别为 38% 和 32%，而其他地区，这一份额为 10% 及 18%。

内战后（1865—1920 年）美国工业化、城市化加速且基本同步进行。19 世纪末，美国基本完成工业化。1920 年，美国基本实现城市化，这一阶段美国制造业带形成，城市化加速。在此期间，美国的工业经济成熟，顺利由农业社会转变为工业社会。根据韦斯（1974）的研究，此阶段近 50% 的劳动力从事制造业，50% 的劳动力从事服务业，从事农业的比例很小。由于工业化向西部转移，在五大湖周围的东北部和中西部地区形成了制造业带。城市化速度在这一阶段也最为迅速，城市人口比例由 1860 年的 19.8% 上升至 1920 年的 51.2%，标志着城市化基本完成。农奴制度的废除使南部传统农业区开始了工业化和城市化进程。内战以后，南方黑人奴隶获得自由，人口开始流动，经济日渐活跃。南部工业化启动以后，便遵循北方城市化的道路继续发展。尽管美国南北两地千差万别，但共同之处在于它们都是美国建国时的老区，农业人口相对集中。

交通革命促使城市化地域范围进一步扩大。铁路网的完善，尤其是横贯东西大铁路的修建，加强了东西之间的经济联系，人流、物流、资金流开始自东向西流动，促使工业化和城市化向西推进。

第一次世界大战爆发时，美国的城市结构已经定型：高楼大厦分布在市中心，而市区中心又根据功能划分为金融、零售、法律以及其他产业相对集中的区域，居住区向外发展，城市呈多中心发展态势。由于东西以及南北联系加强，工业化以及城市化的区域不均衡状况开始得到改善。以集中型城市化为主，郊区化开始出现。由于原材料的可获得性，运输费用、交易成本、规模经济等原因，大量的人口和产业活动还是集中在市中心，并且通过不断的竞争和兼并，产业的集中度越来越高。

4. 对外开放

美国的对外贸易政策先后经历了保护贸易、多边自由贸易和多轨并进自由贸易政策（简称多轨公平贸易政策）三个阶段，如前所述，美国的产业结构先从农业经济过渡到工业经济，再从工业经济过渡到服务经济。在农业经济时期，美国选择了保护贸易政策，促进了工业经济发展；而在工业经济阶段，美国选择了多边自由贸易政策，促进了服务经济发展；在大力发展服务经济阶段，美国又全力推行多轨公平贸易政策。

1783—1933 年保护贸易政策期间，美国主要采用进口关税措施，限制和管理外国产品进入美国市场，同时积极争夺国际市场。这一时期是美国经济赶超英国，成为世界头号经济强国的时期。在这一时期，英国主张实行全球范围内的自由贸易政策。

1934—1973 年，美国大力鼓吹建立全球多边自由贸易体制，继英国 20 世纪 30 年代初期全面推行关税保护政策以及建立帝国特惠制以后，美国开始充当建立全球多边自由贸易体制的旗手。在美国的倡导之下，先后建立了关税与贸易总协定（1994 年以后发展成为世界贸易组织）、世界银行和国际货币基金组织三大国际经济与贸易发展的支柱，主持了七轮全球多边贸易谈判，世界贸易的自由化程度显著提高。

1974 年以后，美国逐渐从多边自由贸易政策转变为多轨并进的自由贸易政策，表现出对全球多边自由贸易体制的不信任和无奈，在对外贸易政策方面广泛推行单边的贸易保护主义、双边的贸易开放协定和区域性的自由贸易组织。

美国的对外贸易政策是美国经济发展战略的重要组成部分，完全服务于美国的经济发展需要和国家利益。美国的经济发展水平决定了美国的对外贸易政策选择，美国的对外贸易政策也比较成功地促进了美国经济发展。

美国选择对外贸易政策的根本目的在于：以克服生产要素短缺为出发点，不断提高要素的再生产能力，特别是劳动要素的再生产能力，维持本国经济持续增长。1953 年里昂惕夫运用投入产出法对 1947 年和1951 年美国的进出口商品要素结构进行对比后发现，美国参与国际分工是以劳动密集度高的生产专业化为基础的。Clark 的研究发现，美国对非熟练劳动密集型制造业进行了有力的名义贸易保护和实际贸易保护。

美国的对外贸易政策有利于美国保护本国的产业安全、经济安全，获得持久的国际竞争能力，保证美国经济中的绝对优势和比较优势能够充分发挥。也就是说，经济安全、贸易利益、增加就业是美国的最高利益，美国的对外贸易政策多以此为出发点。

为了维护上述利益，在不同时期，针对不同国家，美国采取了差别化的贸易战略。在经济实力强大的时候，推动出口是美国政府干预经济政策的主要内容，保护国内市场则居次要地位。然而，即使在美国经济拥有强大优势，竭力推动关税减让开拓自由市场时期，美国政府也从没有放弃过对国内市场的保护。例如，1991 年冷战结束后，美国的对外贸易目标从维护国家主权安全转向了维护国家经济安全，全面推行公平贸易政策，经常运用反贴补、反倾销和关于保障措施的 201 条款，以及自动出口限制和配额等非关税限制措施，针对贸易伙伴国的贸易顺差进行制裁，保护美国缺乏竞争力的钢铁、纺织和农业等相对弱势产业。

在整个对外贸易活动中，美国首先迫切追求的是对外贸易顺差地位，在维持对外贸易顺差不可能时，尽力追求国际收支平衡，要求贸易伙伴国对等的交换市场。据说，肯尼迪最害怕两样东西：核战争和国际收支逆差。由此可以看出，促进出口对美国来说是多么重要。在美国，对外经济政策（贸易及货币政策、"援外"和资本输出政策）始终是同外交和军事战略以及美国国内经济政策作为一个整体并相互协调运作的。

美国的对外经济战略一直要求确保对美国长期的原料和能源供应。美国经济日益依赖对外经济联系，以至于能源供应已经成为保证美国国内经济顺利扩大再生产的最重要的前提条件。在经济运行过程中，通过大量的资本输出来压倒西欧的竞争对手，用贸易来获取原料，或者直接进口原料，同时节省本国的原料使用；面临不可再生的要素约束时，将出口产品集中到几个部门，根据比较优势的原则，出口产品尽量少用不可再生资源。这些都是美国利用对外经济活动维持本国经济持续增长的手段。例如，第二次世界大战以后，美国实施对外贸易战略的基本手段是：运用经济援助手段打开别国市场，利用军事掠夺方式控制进口原材料资源，利用国际贸易协定、多边合作协议强制别国开放市场，运用超级301条款保护国内市场。

美国在世界经济中的特权经济地位，使得美国无须出口就可以获得对其他国家的商品进口权，以及对外投资权，但美国的出口优势是靠技术优势来维持的。美国对外贸易竞争依据美元和技术两个武器，但依靠美元对外扩张容易引发美元危机，增加美国参与国际分工的代价，因此美国在20世纪70年代初期，结束了多年来一直致力于推行的全球多边自由贸易政策，转向了新重商主义，并着重利用科学技术优势推动"工艺殖民主义"。在"科学集约"商品的贸易中，美国几乎对所有西方国家保持有顺差，这同它在"传统"商品方面有大量逆差形成了鲜明的对照。

美国的对外经贸活动是通过国际贸易、国际金融和国际直接投资进行的。随着美国经济结构的调整和知识经济的出现，美国国内生产力提高到一个前所未有的水平，它有过多的商品、过多的金融资本、过多的技术设备，如果不实行全球化战略，美国公司就不能在全球配置资源，实现利润的最大化和成本的最小化。

5. 收入分配

随着工业化的推进以及分配模式的调整，19世纪下半叶到第二次世界大战前美国收入分配呈现出先上升后下降的趋势。19 世纪 60 年代至 20 世纪初，美国居民收入差距迅速上升。这一时期，伴随着美国工业化的迅速发展，财富和收入分配的不平等显著扩大。1870 年，最富有的 1% 人口拥有全部财产的 27.9%，1916 年这一数据上升为 41.9%。20 世纪 10—20 年代，美国收入不平等度达到工业化进程中的高点，根据 Tony Atkison（2002）的测算，这一阶段美国基尼系数超过 0.5，Jeffrey Stonecash（2006）估算的基尼系数甚至接近 0.7。20 世纪 30—40 年代，美国的基尼系数逐渐下降，到 40 年代中期回落至 0.4 左右。

究其原因，19 世纪末 20 世纪初正值美国工业化进程的高峰期，社会经济结构变动剧烈，1880 年美国从事农业就业人口仍占全部劳动力的一半左右，随着工业化进程的快速发展，大量劳动力从农业部门向非农业部门转移，1930 年已下降到 9.4%。由于不同产业间的收入水平有明显差距，以及非农产业增长速度高于农业等缘故，收入差距也同时被拉大。根据 Joshua Rosenbloom 和 Gregory Stutes（2005）的研究，1870 年美国各州的城市化率、制造业在国民经济中的比重与收入不平等之间存在显著正相关，即城市化率和制造业比重越高的州，其收入不平等也越大，而那些农业比重越高的州则拥有更高的收入平等度。20 世纪 30—60 年代，随着美国工业化进程进入后期，工业化和城市化进程基本完成，由此形成了相对稳定的产业结构形态。随着相对收入较低的农业部门人口的减少，收入差距趋向于缩小。

收入分配模式变化是美国收入分配呈现出上述特征的另一重要原因。以 1929—1933 年的经济大危机为界，可将美国分配模式一分为二：大危机前为一种模式，其主要特点是资本居于强势地位，分配向资本倾斜，政府再分配力度微弱，税收和社会保障的力度都十分有限。大危机后分配模式发生了巨大变化，其主要特征可概括为：各分配主体地位逐渐趋于均衡，并略向普通劳动群体倾斜，政府再分配力度加大，差距趋于收缩。由于危机对资本的冲销以及政府税收制度对高收入的调节，这一时期资本在生产和分配中的地位有所下降。由于危机过后社会和政府对劳工的地位有了新的认识，改变了过去一味侧重资本的做法，认可了劳工在生产和分配中应享有合理的权益和充分的话语权。

政府对劳工政策的调整以及其他举措，使工会力量得以发展壮大，普通劳动者的地位空前提高。工会力量的壮大、工人阶层话语权的提高，使得这一阶段的收入分配向劳动者阶层倾斜。另外，美国政府在危机过后开始承担起改善收入分配的职能，加大了税收和社会保障力度，美国社会保障事业起步于新政期间，发展很快，联邦政府社会保障开支占联邦总预算支出的比重 1950 年已达到 22.6%。

（三）美国发展道路对中国的启示

中国正处于向现代化转型的关键时期。2010 年年底，中国的人均 GDP 超过了 4300 美元，跨越了中等收入的门槛。历史上很多国家在达到人均 GDP 3000—4000 美元之后，往往进入一个矛盾多发期。中国未来经济增长面临诸多挑战：其一，从外部环境看，尽管 2013 年世界经济复苏基础趋于稳固，但仍将延续低速增长态势。其二，中国为确保就业和稳定，要求有较高的经济增长率。其三，中国需要提升经济增长的效率和质量，实现可持续增长。其四，中国社会累积了诸多矛盾和冲突，亟须解决。其五，行政性垄断、要素价格市场化滞后和权力寻租问题，正在加剧社会不公和社会冲突。美国发展道路对中国未来经济增长的启示主要在以下几点：

1. 转变经济发展方式，提升科技进步和人力资本对经济增长的拉动作用

基本的经济增长理论说明：单纯的要素积累意味着经济增长速度在长期必然降低，即使美国这样的大国，100 年（1880—1980）来资本积累也只能解释人均收入增长的一半，技术进步是美国经济可持续增长的主要原因。中国改革开放 30 多年来，一方面资源的投入增加，投资项目增加，也就是要素数量增加支撑了经济的快速发展；另一方面要素使用结构的变化和对外开放，使全要素生产率也得到了很大的提高，再加上政府动员资源的能力和协调能力助推经济增长。这些因素使得过去 30 年中国经济发展相对顺利，经济增长速度相对较高。但到世纪之交，这些优势逐渐消退，尤其是农村剩余劳动力无限供应的情况已经改变，中国普遍的技术水平跟国际平均水平差距显著缩小。要实现

中国经济的可持续增长，必须转变经济发展方式，提升科技进步和人力资本对经济增长的拉动作用。

2. 建立鼓励创新与知识产权保护的宽松环境

追溯既往，人类社会的每一次进步无不与技术紧密相连，蒸汽机、计算机、互联网，凡此种种。不过与我们通常的看法不同，从美国发展的历史经验看，上述重大发明的诞生并没有迅速导致经济增长，甚至还出现了增长开始持续放缓，随后突然加速这样一种"奇怪的周期"。此外，一些关于技术对经济增长、商业模式与生活方式影响的预测从目前来看存在显著偏差。一个比较突出的例子是，当1971年电子邮件诞生时，关于企业差旅费预算会降低的预测，看上去似乎十分合理，因为沟通的成本看上去已经如此之小，面对面的交流似乎不再必要。可是企业的数据显示，5年后差旅费反而增长了4倍。这说明，在商业中，面对面的会议不仅仍然必要，而且由于用户可以与距离更远的更多人在更大的项目上开展合作，组织的成本反而更高了。

各种各样的技术改变了我们的生活，但这并不是说，重要的发明必然会改变我们的生活，它取决于我们如何学习与适应新技术，取决于组织与制度如何进行有效率的调整，取决于互补性要素投入的发展。在一段时期内，重大技术发明甚至会降低生产率提高的速度，影响经济增长。同时，我们也不得不承认，对于技术真正可能的影响以及什么是具有广阔前景的技术，我们仍然所知甚少。因此最佳的策略可能是建立一个鼓励创新与知识产权保护的宽松环境，为中国经济的可持续增长提供坚实基础。

3. 为整个社会主义市场经济体制下各类型企业的发展营造一个公平公正的竞争机制

公司的崛起推动了美国经济的迅速发展和产业结构调整，但公司的继续发展及其规模在一段时期内的持续扩大，却一度给美国经济和社会生活，甚至政治生活造成了威胁。反托拉斯法的制定则标志着联邦政府对私人公司严格意义上的管制。在全球经济一体化进程不断加剧、城市化建设规模持续扩大的推动作用下，我国国民经济的建设目标对各行业的发展质量与发展规模，提出了更为全面与系统的要求。我们需要清醒地认识到，企业发展需要政府通过各种形式的规则与制度，为整个社会主义市场经济体制下各类型企业的发展营造一个公平、公正的竞争环境。就我国现阶段市场经济发展形式来说，平等的市场经济参与者在参与市场竞争的过程中往往会由于经营管理性质、企业组织规模等客观因素在融资、税收以及政府支持力度等方面存在差异，需要采取切实措施保证中小规模企业与大规模企业作为整个市场经济中完全平等的参与主体，在同等市场条件下平等地参与市场竞争及合作。

4. 通过产业结构的动态调整为城市化提供持久动力

美国城市化理论分析和实证考察表明，城市化必须建立在工业化的基础之上。从整体上说，没有工业化就没有城市化，但工业化发展到一定阶段以后，工业化对城市化的促进作用渐趋减弱，而服务业等第三产业的兴起，将会继续推动城市化的发展。美国的工业化率在20世纪50年代以后开始下降，但是城市化率仍持续上升，说明服务业在50年代后逐渐成为美国城市化的主要动力。在工业化初期，工业发展所形成的聚集效应对城市化率的提高具有直接的带动作用；而当工业化接近和进入中期阶段之后，产业结构转变和升级的作用超过了聚集效应的作用；非农产业就业比重上升促使城市化率上升，而非农产业就业比重上升主要不是工业而是服务业的就业增长带动的。对我国而言，城市产业结构的动态调整并非一味追求产业结构的高级化，必须因地制宜，充分考虑农村人口就业于城市的需要。

5. 对外贸易政策选择应考虑本国经济特征，以适当方式适度推进世界自由贸易进程

从美国对外贸易政策与经济增长之间的关系可以看出，一国应该根据本国产业的发展水平不断调整对外贸易政策。尤其是大国的经济地位是动态变化的，在大国推行多边自由贸易政策的过程中，不可避免地会出现新兴的崛起大国，并逐渐出现"一超多强"或者多强竞争的寡头格局，这时大国就会及时推行以对等开放市场为核心的公平贸易政策，以多轨并进的形式推进世界自由贸易进程。我国的对外贸易政策经历了与美国早期阶段比较相似的发展轨迹。通过对外贸易我国间接出口了劳动，进口了资本和技术，提高了劳动技能，提升了制造品竞

争力。目前中国对外贸易的发展面临市场约束和劳动供给约束，为实现未来的可持续发展，可以考虑以适当方式、适度承担建立国际多边自由贸易体制的成本。

6. 采取针对性措施有效缓解未来人均收入差距进一步拉大的压力

从美国等发达国家相近阶段收入分配的演变轨迹来看，我国今后一段时期面临收入差距进一步拉大的严峻挑战。由于存在庞大的劳动人口以及地区间资源禀赋上存在巨大差异，我国产业结构转移以及调整收入差距的难度明显高于美国。另外，中国人均收入差距的变动，在很大程度上是由各种因素所导致，可以采取针对性措施缓解，也就是说政府和社会有很大空间采取合理措施来防止收入差距继续扩大，分析显示，经济发展并不必然带来收入差距先升后降的结果。如果其他条件不变，收入差距在今后长时期内还将持续上升，这对社会公正和稳定提出极大的挑战。教育机会不均等是导致中国收入差距过大的一个关键因素。目前我国的教育存在重城市、轻农村，重高教、轻普及，重应试教育、轻职业教育，重名校、轻普通学校的倾向，其对未来经济和社会发展的严重影响今后将逐步显现。公平提高全民教育水平，不仅有利于缩小收入差距，而且对未来发展是一项回报率很高的投资。此外，例如公路、铁路等交通基础设施，对于改善落后地区的经济条件也是非常重要的。目前在公路建设方面，一些地区有重高速公路和城市道路、重形象工程，轻乡村公路建设的倾向，应当进行调整。市场化本身不必然导致收入差距扩大。收入差距扩大在相当程度上是因为在市场化过程中，制度不健全、政府行为不规范和腐败现象，导致资源分配扭曲和收入分配不公。因此需要通过政府改革，建立一套公平、规范、透明的制度框架来与市场体制相配套，需要形成一套社会公众监督体系来约束政府行为，在经济发展中保障社会大众的利益不受侵害。

二　德国发展道路

（一）德国经济发展史简述

德国位于欧洲中部，现为世界第四大经济体。德国工业侧重重工业，其工业结构特点是：侧重重工业、外向型、中小企业比重高、垄断程度高，制造业技术领先，做工细腻，在世界享有盛誉。德国服务业发展较快，包括商业、交通运输、电信、银行、保险、房屋出租、旅游、教育、文化、医疗卫生等部门。德国交通运输业十分发达。公路、水路和航空运输全面发展，特别是公路密度为世界之冠。民航运输业发达。

根据前民主德国经济史家库辛斯基的论断，德国的工业革命跨度为整个 19 世纪，相对于英国，德国工业革命起步晚而速度快。19 世纪 50—60 年代，其工业发展速度远远高于英法等国。1870—1914 年，德国进入第二次工业革命，德国借助于这一时期的关键产业（以钢铁、化学、电力为代表）及其核心技术方面拥有的优势，带动了工业化的加速发展，进入集群创新的时代，相关产业的不断外延，就业增加趋向于向新兴行业，尤其是向水电、煤气、印刷、化工等行业的集中。德国到第一次世界大战爆发时，有机化学工业已占化学工业部门全部就业人数和投资的一半以上，它们又不断地衍生出新的产品与方向。

经过两次世界大战和第一次经济危机，德国经济受到了连续重创，直至马歇尔计划、舒曼计划的刺激推动了德国的重新复苏，并走上了社会市场经济道路。21 世纪初以来，德国社会市场经济体系面临巨大的困境，长期为许多社会问题所拖累。经济结构的僵化导致高失业率，成为长期而非周期性的经济问题，人口高龄化问题也给社会保障体系造成了莫大的压力。德国经济自 2000 年增长了 2.9% 后便陷入徘徊和停滞交替的状态。2001 年的增长率为 0.8%，2002 年仅为 0.1%，而 2003 年甚至还下降了 0.1%。2004 年实现了 1.7% 的增长率，2005 年又下降为 0.9%。与此同时，失业增加和居民工资收入增长缓慢，国内需求依然疲软，财政赤字一直高于欧盟《稳定与增长公约》规定的 3% 上限，面临高额罚款的压力。进入 2006 年以后，投资率上升、经济增长加快、失业率下降、财政赤字减少，德国经济的增长率从 2005 年的 0.9% 上升到 2006 年的 2.8%，2007 年第一季度达到 3.3%。

但金融危机和欧债危机接踵而至，按平均汇率计算，2012 年上半年德国名义 GDP 折合 16846.97 亿美元，较上年同期的 17837.89 亿美元减少 990.92 亿美元，同比下降 5.6%。按现价折算的第三季度国内生产总值为 6748.5 亿欧元，环比增加 0.2%，同比增加 0.4%。德国 2012 年 12 月的服务业 PMI 终值为 52.0，这一数值为 2011 年 4 月以来的最高点，但仍低于长期平均值 52.9，2012 年 12 月的制造业 PMI 经修正后从 46.8 的初值大幅降至 46.0。德国 2012 年 11 月消费者物价指数（CPI）同比上升 1.9%，环比下降 0.1%。其 11 月消费者价格调和指数（HICP）同比上升 1.9%，环比下降 0.2%。近一两年，德国经济增长缓慢，固定资产投资也大幅下滑，主要原因是欧洲财政紧缩要求过于苛刻，在欧洲债务危机初期各国削减预算速度过快，而打击了投资积极性，牺牲了急需的经济增长空间。从发展方式上看，则是在国家权力与自由市场之间没有适时调整好度的问题。

尽管如此，德国的经济社会发展仍然保持着其独特的优势，尤其是德国的社会市场经济道路具有强大的影响力，折射出其发展道路背后积极的制度因素，如市场经济的逐步规范，对社会和谐均衡的追求，对科技创新与教育的尊崇，以及"公平与效率"并重的发展理念等，成为德国工业化及后工业化发展道路提供的成功经验。

（二）德国快速工业化后期的发展道路和经验

1. 技术进步与创新体系

德国历来重视对研发的投入，目前投入强度（全社会研发支出占 GDP 比重）为 2.82%，远高于欧盟 2.0% 的平均水平，其高技术产业出口占总出口的比例超过 20%。德国即便是在固定资产投资波动较大的期间，它对于 R&D 的投入也一直在高位波动并长期持续增长。在 2011 年欧洲"创新型联盟记分牌"评比中，德国名列第三，在 2011—2012 年度全球竞争力排名中，居于全球第六位，2010 年德国每百万人口获得的与世界市场相关专利分别为 266 项和 307 项，大大高于欧盟平均数（109 项）。

德国强势的技术进步和创新优势得益于其较健全的自主创新机制、可操作性和实用性的政府创新战略，明确的企业创新主体地位，以及产学研绑定机制。德国是世界公认的创新型国家，其创新体系涵盖四个维度：政策决策与管理层、咨询与协调层、科学协会与研究执行层和私营部门与工业协会层，德国还有以覆盖面广、开放性和侵权惩罚的严格性著称的专利制度。

（1）制度体系的完善为技术进步和创新提供了坚实的基础。主要表现在下述方面：一是完善政策法规体系，如德国先后制定了《工商企业研究开发人员增长促进计划》《企业技术创新风险分担计划》《中小企业研究合作促进计划》等推动科技研发。二是由国家直接资助科学技术研究，如1909年成立的威廉皇帝科学研究联合会，就是由政府直接拨款用于应用性科学技术研究，该联合会就是后来享有盛誉的马普协会，主要任务是支持自然科学、生命科学、人文科学和社会科学等领域的基础研究，支持进行德国大学未进行或不足以开展的新的研究领域。三是完善相应的组织架构，国家出面组织企业、技术人员和专门技术学院，形成产学研结合的科研体制，不断完善双轨制教育体系，以支持和扶助加工制造业。

（2）在知识产权与成果转化方面，德国主要由政府和协会共同推动。1975年德国联邦政府和州政府签署了《关于共同资助科研的协议》，共同资助马普学会、弗朗霍夫学会、德国研究中心联合会和莱布尼茨研究联合会四大科研组织，其中马普学会作为德国科学研究的主体之一，对德国联邦政府、州政府共同资助的科研机构进行间接管理。下属MPI负责处理学会范围内知识产权咨询、技术成果转化等知识产权相关业务。MPI还通过许可收入分配政策、合作协议、高科技公司创立基金项目（High – Tech Gründer Fonds，HTGF）等政策机制实现从研究、开发、市场化三方面的激励。

（3）在科技的扩散与应用方面，作为德国经济重要支撑点的中小型企业是主要受众群体。面向中小型企业的技术创新和扩散在德国颇具特色：一是政府政策途径，二是市场途径（中介组织）。德国专门制定了《卡特尔法》，设立联邦卡特尔局，通过政策性金融机构——德国复兴信贷银行采取贷款扶持、出口信贷等大力支持中小企业创新发展。德国复兴信贷银行可直接向拥有创新产品和服务的中小企业提供一定额度的资金支持，也可向中小企业贷款银行提供2%—3%的利息补贴，还可作为风险投资直接进入小企业，以吸引其他社会投资，或者扶持风险投资公司以信贷担保方式支持新技术小企业发展。德国的中介组织则形成了多层次、多方位的网络，可为企业提供完整的产前、产中、产后服务。如全国性的德国工商大会（DIHT）、小企业和手工业商会（ZDH）、工业联合会（BDI）等，还有其他为企业提供各种专门服务的各类中介组织。上述多种形式结合在一起推动了德国的科技进步，并促进其扩散与转化。

2. 产业结构的升级调整

与英国相比，德国工业革命起步较晚。在英国完成第一次工业革命的 19 世纪 30 年代，德国刚进入第一次工业化产业转型，直至 40 年代，德国还未建立自己的机器制造业；19 世纪 50—60 年代，德国进入工业高涨时期，轻重工业均得到较大的发展，1870—1900 年，由于科技进步的推动，德国发生了跳跃式的产业转型，电器、化学和光学工业迅速占据了产业结构的主导地位，形成较完整的工业结构并超越英国成为欧洲增长最强劲的国家。在第一次世界大战之前，德国三次产业在国民生产总值中的比重分别占 25%、40% 和 35%，现代产业结构的特征初现。

此后德国陆续面对第二次世界大战创伤、国际重化产品市场需求疲软以及石油危机的影响、美日的重工业产品以及新兴国家的大宗商品的竞争等冲击，德国在应对不同时期的各种冲击过程中不断调整战略，提升产业结构，主要包括以下方面：

（1）德国通过贸易自由化政策推动产业重组。第二次世界大战后重建时期，德国加入了关贸总协定，同时马歇尔计划和舒曼计划也使德国的工业开始迅速恢复发展，从 20 世纪 50 年代到 70 年代初，由于德国实行对外贸易自由化，促进了德国商品出口和工业发展的正相关增长，德国的工业在对外贸易持续扩大的背景下开始迅速增长，贸易出口大幅上升。这一时期德国进一步向重化工业产业转型，1970 年德国重工业占工业总产值的比重已达到 74%。

（2）集中研发确立产业地位。进入 70 年代之后，受国际重化产品市场需求疲软以及石油危机的影响，德国工业结构面临新的转型压力和挑战。德国便开始通过支持化学、汽车、飞机等低能耗、低物耗、高附加值的重化工业的技术研发和创新，逐步淡出石油冶炼、钢铁、造船等传统高能耗、高物耗、低附加值重工业，同时第三产业在国内生产总值中的比重也不断上升。

（3）以高新技术对抗经济衰退，并实行产业绿色转型等战略。进入90年代，德国在国内面临经济衰退，国际上面对来自美国和日本高附加值产品的巨大挑战以及新兴国家的廉价商品的竞争，对此，德国政府开始大力强调、开发和投资微技术、生物技术等高新技术产业，推进高新技术的产业化进程等，以利润导向、结构改革和全球化经营来发展高新技术，提升产业结构，从而对抗国内的通胀和经济衰退，并在新一轮的产业转型中形成国际竞争优势。2010年德国联邦政府内阁通过《2020高科技战略》，强调聚焦于全球挑战、着眼未来和面向欧洲等战略新重点，确定了气候与能源、健康与营养、物流、安全和通信5个重点发展领域，旨在通过源源不断地开发高科技产品来持续地扩大市场份额，推动产业的低碳绿色转型，将科技优势转化为经济优势。

（4）扶持中小企业技术创新。值得一提的是，德国促进产业转型的手段是一种政府政策与市场机制的有机结合，并且重在中小企业（绝大部分也是私营企业）。在不直接干预企业技术经济活动的前提下，联邦政府和州政府按照市场竞争的原则制定各种政策和措施，引导企业的发展和整个社会科研力量的合理组合，同时在政府层面（包括联邦和州）制定明确的科技发展战略和计划，如1995年出台的《制造技术2000年框架方案》《德国21世纪信息社会行动计划》，就是旨在引导企业和科研单位在国家某些优先发展的技术领域内进行开发。为了加速高科技项目的产品化，德国科研技术部制定了《21世纪工业生产战略——产品2000》，其中把基因—生物技术、IuK技术、新材料、环保、节能等作为主要资助项目。

为了重点扶持这些高新技术的开发，德国政府还制定了税收优惠政策，鼓励和调动企业技术创新的积极性，对高新技术和高新技术企业不是看重当前的经济利益，而是注重其长远的经济效益，并对高科技成果的转化工程给予较大的经济支持，以调动企业和科研单位的积极性。在德国产业结构的优化调整过程中最具活力的中小企业，往往是技术型企业以及技术服务型企业。德国主要通过制定扶持政策、发展中介服务机构和推广职业技术教育等措施，积极支持中小企业的技术创新，培育新的经济增长点，促进整个国民经济的发展，同时也缓解失业的压力。

3. 城市化与均衡发展

德国的城市发展贯穿着"去中心化"的原则，这使德国得以实现一种"和谐城市化"，其总体特征是：单个城市规模小、城市数量多、分布均衡，星罗棋布地分散在全国，形成等值化发展的城市圈。德国的11个大都市圈聚集着德国一半的人口，包括莱茵—鲁尔区、柏林/勃兰登堡、法兰克福/莱茵—美茵区、斯图加特、慕尼黑、汉堡，以及莱茵—内卡河区等。如杜塞尔多夫（德国第九大城市，位于莱茵河畔），市区人口仅约57万人，在以其为中心的方圆500公里范围内却是拥有1150万人口的莱茵—鲁尔经济区。在德国，除了柏林、汉堡等少数城市给人稍嫌拥挤的感觉外，绝大多数是环境比较幽静的中小型城市。这种去中心化模式曾经使德国工业化进程中的城镇化有效地避免了至今仍然困扰很多国家的城市病，至今仍然对社会平衡和正义发挥着正面的作用。德国和谐城市化的实现要归功于德国严谨的法律体系、科学的规划和一系列合理的制度安排：

（1）均衡的立法理念。德国通过立法，促进竞争，反对集中和垄断。此外，德国宪法保障选举、工作、迁徙、教育等公民权利没有城乡差异，德国农民要进城，只需到市政局登记并且按规定纳税，就可成为城市居民，但其实德国大中小城市之间以及城乡之间的基础设施、工作机会、社会保障、就医等条件几乎没有什么差异，德国小城镇的通信、电力、供水等条件与大都市相比也丝毫不差，医院、学校、购物场所等一应俱全。

（2）均衡的规划理念。德国从战后落后的农业地区发展为经济发达、生态环境宜居的城市化发展道路，不是简单地通过将耕地变厂房、农村变城市、人口及资源涌向中心城市的"集中"模式，而是托达罗式的就地城镇化、城乡均衡的去中心化发展模式。德国的城市规划往往包括：城镇布局的均衡化——使城镇网更加均匀，包括中心城镇、基层小城镇。吸引人口分散和向边缘地区移动，并且辅以住房、交通、文化设施等相应配合；服务设施的均衡化——每个住宅区的设施规划齐全，尤其是对于老年人住宅区则配置相对集中的商店、文化和医疗设施，既要照顾老年人特殊生理状况，又要防止产生同年轻人的隔绝感；市场分布均衡规划——除综合性超级市场外，小城镇都设立了交易市场，方便附近农场主携带产品上市，直接交易，保证产品时鲜；并设有绿化和休憩区规划。这种去中心化的规划深刻影响了德国的城市化发展，直接导致了全国资源二次分布的平衡，避免了人口向大城市过度集中的趋势，成为德国有效防止大城市病的一个关键因素。

城市发展均衡的另一个重要原因又是来源于公共服务和行政机构地理分布的去中心化：德国的政府行政部门是分散在各个城市的，而不是集中在某几个中心城市。其他的服务设施，如医疗和教育机构也不是集中在某几个大城市，而是均衡分布，从而减少了人群集中在某几个大城市的机会。也许这种行政机构和公共设施的去中心化是值得我们借鉴的。

（3）治理模式的均衡多元化。德国在工业化时期便形成了城市住房"政府主导、多方参与、全面规划、综合治理"的均衡多元化模式，在城市管理、住宅建筑、城市布局等方面也都具有自己独特的管理方法：

以法律法规的形式明确了各相关部门的责任。德国有很好的法律传统，早在1868年，巴登公国首先制定了城市道路和住宅建筑法规；1875年，普鲁士也制定了城市管理法规，规定对城市的扩建、管理，建筑住宅都必须进行统一规划。

在设计规划时，定位就面向现实和未来需求，通盘考虑，均衡发展。德国在工业化伊始，有些大城市中的企业就开始为企业工人建造一些离工厂较近的住宅。以鲁尔区为例，德国的公共住房政策体现了紧扣其现实和未来需求，通盘考虑，均衡发展的特征。

参与主体多元化，协同治理。除了城市管理机构推动执行公共建房政策以外，国家、城市和各大企业以及个人也都以不同的方式参与城市住宅建设：如成立建筑协会和建筑合作社，各个城市根据自己的情况成立有关机构，注意合理征用土地，居民有权商议购买土地和建房的价格，以便达到双方共赢。19世纪末，德国的克虏伯工厂、巴登苯胺—苏打工厂、染料工厂和奥格斯堡与纽伦堡的联合机械工厂都为自己的工人们建造了住房。由于政府、企业以及建筑协会等多方面的共同参与，德国劳动者的住房问题得到了缓解，几个城市不同收入群体的房租支出—收入比也均有不同程度的下降。

发展福利住房。针对农村移民的住房问题，德国还建造了大量福利性质的住房，并由市政当局管理。这种福利住房带有公共建筑的色彩。房屋结构比较简单，租金比较低廉，为流入城市的农村移民提供了方便，颇受欢迎。

规划建设发达的运输系统。德国善于利用发达的运输系统，尤其是20世纪初电车开始使用以来，德国城郊的全部旅客都是由电车运送的，这有助于城市摆脱原有的边界限制，向郊区发展，也相对缓解了城市的住房拥挤问题。

4. 对外开放与贸易体系

德国对内实行开放和自由的经济贸易政策，而对外采取相应的更加灵活的政策措施，如对外积极参加区域性经济合作等，以此来巩固和加强其在世界经济和国际贸易中的地位和作用。德国由起初设置种种贸易限制转向现在创造公平的竞争环境，积极推行自由贸易。这种开放的、公平的、竞争的国内、国际经济环境为企业提供了良好的发展环境。

对外贸易是德国经济的重要引擎，其外贸增速明显高于国民经济的总体增速，即便是在欧洲债务危机的条件下，德国外贸依然强劲：2010年出口依存度和进口依存度分别为38%和34%，2012年全年贸易顺差约为1881亿欧元（约合2521亿美元），是2007年以来的最高点（现价，忽略通胀率）。其中德国对欧盟其他成员国的进出口额分别较前一年增长0.9%和0.3%，德国对欧盟以外国家进出口额分别增长0.4%和8.8%。从外贸的地理分布上看，区域性贸易在德国占较大比重，即以欧盟内部贸易为主，并且以与欧盟其他成员国的产业内贸易为主；从商品构成的变化上看，由于德国拥有相对丰裕的资本，较为先进的技术，并且工业化水平较高，制成品贸易在对外贸易中占据了绝大多数份额，且多为资本密集型和技术密集型产品，具有较高的附加值。

从吸引外资上看，世界500强企业在德国均有建厂或设代表机构，1994年至2003年，在德直接投资累计达3870亿美元。2012年德国吸引的国际资本较上年增长10%，全年有854家新登记注册的外国企业在德国兴建投产，较上年增加3%，美国资本进入德国参与并购项目的达133个，中国达98个，亚洲在德国投资热潮中扮演着日益重要的角色。从对外投资上看，德国已成为世界对外直接投资最多的国家之一，1990年、2000年和2009年德国FDI流出存量占全球存量的份额分别是7.3%、6.8%和7.3%，仅次于美国、英国和日本，位居世界第四。

德国强劲的对外贸易得益于其灵活的外贸管理体系和外贸促进体系。从管理体系上看，德国对外资实行国民待遇，政府对德国国民（包括自然人和企业）向境外投资，一般并无审批和登记等要求，并且政府通过与发展中国家和新兴国家签订投资促进与保护双边协议来保障德国企业在国外的经济利益。外贸促进体系则包括三大支柱，一是德国驻外使馆商务代表处。它负责了解驻在国经济贸易情况，为有意与驻在国开展经贸业务的德国企业提供信息咨询服务。二是海外商会。德国工商大会在海外设立海外商会，为德国企业从事国外业务提供有力的支持。其服务包括产品咨询、市场和经济分析、商务咨询、项目咨询和跟踪、法律和关税咨询等。三是外贸信息局。主要为企业进入海外市场提供地址、经济数据、实际操作建议和市场分析等方面信息。与此同时，发行如何到国外设立代表处和各国经济状况等的出版物，以此向国内企业提供对外贸易的机会。

此外，德国的对外开放与对外援助政策紧密结合，其对外发展援助已有近50年的历史。最近十年来，德国在实施发展援助上显现出三个方面的趋势：一是注重维护与受援国之间的平等关系；二是加强文化和人力资源方面的援助；三是重视在对外发展援助上与其他援助方进行合作。目前德国对外援助的重点在非洲。

5. 兼顾效率与公平的收入分配制度

第二次世界大战前，德国基尼系数也曾经超过0.4，从第二次世界大战后到 20 世纪 70 年代，德国社会市场经济道路逐渐成熟，通过多种政策工具矫正收入分配差距，基尼系数逐渐下降，基本上控制在 0.3 以内，德国 2010 年的基尼系数为 0.295。德国收入分配相对平均，在人均生产总值为 3000 美元、6000 美元和 10000 美元时，劳动报酬占生产总值的比重平均分别为 48.7%、53.1% 和 55.4%。20 世纪 80 年代以来，包括德国在内的欧洲发达国家居民收入增长与经济发展呈现明显的协同趋势。近年来，德国在初次分配阶段，劳动者报酬占 GDP 的比重在 50%—55% 之间；在再分配阶段，居民可支配收入约占 GDP 的 70%，这意味着通过再分配调节，居民收入总量规模得到明显扩大，体现了收入的普惠性和均等化。

德国收入分配制度遵循效率优先、兼顾公平的原则，即初次分配注重效益，二次分配注重公平，其有效干预收入分配的主要手段包括：

（1）协调劳资关系、促进就业。第二次世界大战后，德国逐步在调节和处理劳资关系方面形成了一整套社会运行机制和企业组织制度，劳资双方结成了较为稳定的"社会伙伴关系"，主要遵循如下原则：一是劳资自治原则，劳资协议双方享有工资自治权，经过谈判达成工资协议；二是共同决策原则，职工共同参与企业决策和管理，企业内部建立企业监事会和企业职工委员会，其中企业职工委员会代表雇员利益，监督企业对维护职工权益的法律、规章、劳资协议及企业中其他各种协议的执行情况；三是劳资矛盾调解原则，劳资争议和纠纷主要由劳资双方共同协商解决。在劳资谈判陷入僵持局面时，政府或其他社会团体以中立和公平原则出面调解、仲裁。

自 2003 年开始，德国对劳动和社会保障管理系统实行"去官僚化"改造，变革社会救助和失业保险条例，激励失业者灵活就业，将就业安全性与灵活性相结合。同时，辅之以对人力资本的大规模公共投资，并以就业目标为导向，在职业培训和中介领域引入竞争机制。通过放松劳动力市场管制，增强就业灵活性，德国取得了就业形式多样化和失业率下降的成果。由此，劳动力市场改革促进了就业，增强了劳动者能力；而建立在自治原则上的劳资关系则保证了初次收入分配阶段劳动者报酬的合理性。

（2）调节税收。德国长期以来实行的高税率税收制度，在缩小收入差距的过程中起到了至关重要的作用。德国现行税制中征收最广泛的税种是个人所得税，占整个税收收入的40%以上，征收范围包括所有取得应税所得的人。德国采取累进税率，其原则是收入越多，缴税比例越高，低收入者少缴税或免缴税。目前，德国个人所得税的起始税率为15%，最高税率为42%。这种收入分配政策对缩小收入差距、缓和社会矛盾起到了积极作用。如德国的基尼系数税前为0.44，税后降为0.28。德国绝大多数居民属于中间收入阶层，这种"橄榄形"的社会结构也是德国社会稳定发展的重要因素。

（3）通过财政手段促进地区经济平衡发展。第二次世界大战后，德国为解决地区经济发展不平衡问题，制定了有关平衡地区发展的政策和法律法规。《基本法》等有关法律规定，联邦政府和各州政府有义务在实施财政援助时保持总体经济的均衡发展；经济发展必须能够保证各地区人民享有同等生活条件。在此基础上，德国实行的是在"社会公正"原则指导下的财政平衡政策措施，即以各州间的横向财政转移支付为主、联邦政府的纵向财政转移支付为辅的平衡政策。

（4）完善社会保障体系。德国社会保障制度已有100多年的历史。第二次世界大战后，随着社会市场经济体制的建立，社会保障制度也随之恢复并进一步发展完善。目前，德国是世界上最为发达的福利国家之一，其社会福利保障覆盖了90%以上的居民。社会保障制度成为社会发展的"减震器"和"安全网"。德国的社会保障制度以社会保险为主，其中包括法定养老、医疗、失业、工伤事故、护理保险等。除了社会保险，还有社会救助和家庭补贴等。其中社会救助是社会保障制度的最后屏障，即政府通过社会救助，确保最贫困人群的基本生活。根据社会救济法，处于无力自助与无法获助境况的每一个居民都可要求政府提供社会救助。

（三）德国发展道路对中国的启示

1. 德国发展道路的经验借鉴

（1）分散化（多元化）的双轨制职业教育模式。德国不仅建立了世界上前所未有的一流综合大学，而且也建成了最好的技术和商务教育体系。1910 年，约有 135.6 万人接受职业培训，其中工业占 39%，商业占 6.4%，农业占 6%，借此，各层次的劳动者文化技术水平得以提高。在职业教育体系中，行会组织的作用不可替代。它推动了进入城市的农村劳动力积极参与相关的职业培训，学习与自己职业相关的必要技术，以适应职业转换并提高在城市中的社会地位，在造就和提供熟练技术工人方面发挥了积极效应。此外，行会组织还塑造了诚实的商业态度和商业氛围；促进行会成员尽快适应工业化对其提出的前所未有的高要求，并鼓励其成员接受更高级别的教育。这种多样化的教育体制为公民提供了大量的发展机会，促进了行业的技术进步，并且有助于防止对高学历的盲目、无效追求，也为择业倾向的分散化打下了基础。

（2）稳定而灵活的公共财政制度。德国的公共财政渗透着浓厚的均衡理念：一是税收来源相对均衡，直接税跟间接税比重相对比较均匀，而一个相对均衡的税收体制能够帮助公共财政提供稳定的税收收入，这也成为德国应对本轮经济衰退的一个潜在法宝。二是提升能源税、资源税。这不仅能够提供稳定的政府税收，更主要的是促进节能环保，推动环境友好型社会发展。三是以人为本的转移支付，即根据各个地方的实际社会发展的需要进行转移支付，尤其是在所谓的穷州和富州之间能够直接进行转移支付，不经过中央政府。

我国借鉴德国均衡且灵活的公共财政制度，将第一直接税、间接税并重，可以改变地方政府对土地出让税过多地依赖，因为这个税种对经济周期的依赖度非常强；其次是应该想办法出台政策适当地逐步增加能源税、资源税，此外，财政转移的方式要按需分配，以人为本，而不要从上至下按项目分配。通过这些措施，将有助于社会的平衡发展。

（3）共同决策与多层治理机制。德国在工业化过程中逐渐形成的"共同决策 + 监事会"机制，使得劳工和企业管理决策有机结合在一起，提高了劳工的积极性，缓和了劳资关系，避免恶性劳资冲突事件。中国所缺少的不仅仅是对劳工的义务培训，更重要的是可操作意义的最基本的尊重，只有以法律形式确立平等的劳资伙伴关系，将劳动者纳入共同决策体系，才有可能扭转将劳工仅仅视为雇佣奴隶的畸形思维。

多层治理是德国社会平衡和去中心化实现的一个关键要素。多层多维的协调机制尽管会带来速度损失，但是它所提供的充分的争论和沟通则在很大程度上保证了政策的可操作性和民众的可接受性，并且有助于解决政策的负外部性（如政策引起了利益各方的不公允），最大限度地实现资源和公共产品与服务的均衡分布，使不同利益相关者的权益得到较充分的表达，最大可能地减少因政策失误引致的社会正义损害，能有效地避免社会不均和冲突。

（4）必要的福利制度。社会保障制度是维系社会均衡的一个核心要素。政府和企业应该确定合理的比例对所有的员工提供基本的住房和医疗保险，使得劳动者专心致志于工作，这将间接提高经济效益。对于这一问题，德国的方式值得借鉴：德国企业更多关注企业的长期利益，而不是股东的眼前利益，公司经营更多的是为雇员而不是为股东谋取利益，并重视对员工的教育培训和素质提高。当然，中国应该根据自己的发展程度，为全国民众提供适当的、力所能及的社会福利，做到兼顾效率和公平。

（5）以国家权力调控房地产市场。稳健和"重租轻购的两端控制"是德国房地产市场的典型特征，如果考虑实际物价水平，德国的房价几十年来不增反降。这应归功于德国社会市场经济道路，这一点上，国家权力远大于自由市场：在供给端，政府补贴开发房地产，同时严禁出售，并对租金有严格的控制；在需求端，政府通过各种方式提供租房补贴。补贴对象严格地限制于应该依法有资格接受补贴的人，而不是与权力挂钩，这一点很值得处于城镇化过程中的我国借鉴学习。

（6）去中心化与城乡等值化发展。"去中心化"、避免城市人口过度集中，是德国城市化发展的一项重要原则。为振兴中小城镇，德国从立法、规划、资源分配、职业教育到治理机制，从不同角度、多种措施创造各种物质和文化条件，满足当地居民合理的工作与生活需要，推动城乡无差异化发展（等值化发展），使得城乡吸引力相当，避免了由边缘向中心城市蜂拥的局面，有助于防治城市病。

2. 德国发展道路的教训

（1）政策调整对经济社会发展的滞后性。对于全球化下经济社会发展的新环境，社会市场经济道路的调整往往显得滞后。三高政策（高工资、高福利、高税收）造成投资成本高、利润空间小、资金外流严重、投资环境恶化。日益加重的赋税压抑了经济活动。尽管自施罗德政府以来，进行了促进投资、刺激经济的一揽子税制改革，但德国企业的各种税费负担与其他国家相比依然过重，企业在扩大再生产、新产品开发、员工培训以及增加就业等方面负担过重，很难适应变化了的经济环境。

（2）效率与公平的跷跷板困境。效率与公平是德国发展道路的核心所在，同时也是德国工业化与后工业化发展时期的一大困惑。从20世纪末以来，德国一直陷于效率与公平的跷跷板困境中，两者之间的潜在矛盾如果没有得到恰当的解决，则会引起双向的损失，从福利制度与劳动力积极性之间失调的问题上看更加明显：高福利政策"宠坏"了"弱者"，优厚的失业、医疗、养老等社会保障制度使一部分人产生了严重的福利依赖性和惰性，如逃避就业、常年病假、提前退休却享受福利保障。与此同时，挫伤了"强者"的积极性，因福利制度是基于财富转移来实现的，将一部分利益从市场竞争中的强者手中转移到弱势群体手中，经济的快速发展往往可以掩盖这种影响，但是在经济不景气时这种矛盾便开始凸显，尤其是两德统一的成本尚未完全消化，统一给德国增加了50%以上的福利和其他社会支出负担，使得德国的债务和赤字数次超过欧盟60%和3%的标准。于是"强者"积极性被挫伤，也带来了社会不满情绪。

鲍莫尔曾经在《福利经济及国家理论》中质疑基于财富转移的福利制度的公正性问题，他认为，社会福利制度是国家强行剥夺市场获利者利益的行为，当政府干预去改变既定利益分配时，也必然损害另一部分人的利益。可见，假如既要顾及强者利益和效率，又要保证弱势群体的发展以赢得社会稳定，那么福利制度不是越多越好，而是如何恰到好处。

（3）"市场与国家"之间的冲突。国家干预与自由市场之间的关系是德国社会市场经济的核心要素之一。国家有效干预必然要求其对市场信息的把握和对经济动向的准确预测，而瞬息万变的全球化社会和20世纪中期已经截然不同，何况市场经济是分散地被掌握在千百万市场主体手中，任何机构都将难以集中所有的市场信息去有效地配置资源，合理的经济秩序需要一个价格体系，而没有自由市场经济，将不能收集所需的数据来确定价格。可见，无限的信息量和波动频繁的全球化市场无疑给政府干预造成了巨大的干扰，如何在国家干预和自由市场之间把握合理的度，将对市场的扭曲降到最低，对任何一个政府来说，都是一个高难度的挑战。

（4）多层治理的效率损失问题。多层治理无疑对于增进社会平衡和正义具有关键的作用，但也造成了明显的效率损失。如决策时各利益相关者往往各持己见，需要兼顾各方利益要求，决策过程拉长，导致有时候会错失良机。这就要求在多层治理的公正目标和效率损失之间找到一个合理的平衡点。

尽管如此，德国社会市场经济的发展道路毕竟确立了一个"效率与公平并重""国家、社会和公民和谐"的一种理想模式。直到现在，德国发展道路依然有着强大的影响力，其社会平衡和去中心化理念，避免了社会发展过程中的极端不公现象，提升了公民的幸福指数；也有效地减轻了工业化过程中的人口和资源以及公共服务向少数中心城市聚集的弊端，在很大程度上缓解城市病。这对于我国在全面建成小康社会中，避免城市病，增进社会公平和正义，仍然是有着举足轻重的意义。德国发展一直伴随着挫折，这并不是德国发展道路的理念与制度设计本身的缺陷，而是具体的执行框架没有或很难在"国家权力与自由市场之间的动态定位"中找到合适的"度"。我国借鉴德国发展道路，也一样需要掌握这一动态的"度"。

三　英国发展道路

（一）英国的经济发展历史简述

英国是世界上最早进入工业化进程的国家，在完成第一次工业革命之后的 1850 年，英国在世界工业总产值中占 39%，在世界贸易中占 21%，均居垄断地位。按不变价格计算，英国资本从 1750 年的 5 亿英镑增长到 1865 年的 60 亿英镑，1800 年人均收入是 1700 年的近 3 倍，到 1860 年则又翻了一番。第一次世界大战期间，英国丧失了曾经掌握 250 年的海上霸权；第二次世界大战使英国的经济力量遭到更严重的削弱，殖民地市场进一步缩小；20 世纪 60 年代后期推行高税收、高福利和国有化政策，在民众享有高福利的同时竞争力下降，陷入"英国病"；1973 年，英国加入欧洲经济共同体，加强了与欧洲其他国家的贸易关系。1979 年，以撒切尔夫人为首的保守党政府开始治理"英国病"，强调发挥市场的调节作用，减少国家行政干预，紧缩开支，降低税收，整顿福利，调整工业，取消外汇管制，推行私有化和货币主义政策，使英国经济得到一定程度的恢复。我们可以大致地将英国的经济发展划分为下述几个阶段：

1. 从"重商主义"到"重工主义"的转变（16—18 世纪初）

16—17 世纪的英国正处于由封建社会向资本主义社会过渡时期，这个时期的英国新兴资产阶级为了积累更多的原始财富而采取"重商主义"，促进了英国资本主义革命和相关产业的发展，到 17 世纪末 18 世纪初英国已经完成了资本主义进程中的原始积累，为了向工业革命过渡并适应世界经济发展趋势，"重商主义"政策也转变为"重工主义"政策，向世界资本主义工业化进程转变。在此时期，英国人均收入增长要快于 17 世纪，是欧洲平均水平的两倍多。1700 年，英国的 GDP 已是荷兰的两倍。

2. 工业革命时期（1750—1840 年）

从 18 世纪 50 年代开始，发端于纺织部门，英国率先步入工业革命进程，直到 19 世纪三四十年代基本完成。英国通过技术革新，同时调整了生产关系，从农业国发展为当时最先进的工业国家。1850 年，英国在世界工业总产值中约占 2/5，铁产量约占世界的 1/2，煤约占 1/3，在外贸方面，英国在世界贸易份额中的比重超过了 1/5。

3. 高增长阶段（1840—1913 年）

完成第一次工业革命之后到第一次世界大战期间，英国的人均收入增长比过去任何时候都要快，为 1700—1820 年的 3 倍。这个时期是英国和其他西欧国家发展的一个新纪元。经济表现突出的基本原因是技术进步的加速，以及它所伴随的实物资本存量的快速增长，劳动力教育水平的提高和劳动技能的改进。资源配置效率的提高得益于劳动力国际分工的改善。在此期间，英国的出口年平均增长达到 3.9%，几乎是 GDP 增长率的 2 倍。工业革命带来的技术进步及与此相应的组织结构的改进，加速了经济增长。19 世纪 70 年代起，英国出现了大量以海外投资为目的的资本流出，约占其储蓄的一半。到 1913 年时，英国在国外的资产相当于本国 GDP 的 1.5 倍左右，来自国外的收入意味着其国民总收入比国内生产总值多出 9% 左右。

4. 进入英国病的初始状态（第一次世界大战——第二次世界大战）

"英国病"始于 20 世纪 20 年代，在第一次世界大战期间萎缩的民用工业部门，原指望可以在战争结束以后恢复和发展起来，然而经济危机使其成为泡影。煤炭、棉纺织品、造船工业部门因国内市场狭窄和出口遇到困难，甚至在渡过 1920 年经济危机之后的 20 年里始终是停滞的。与此同时，英国国内工人阶级斗争的高涨，也对此后英国经济产生了不利影响。

在"英国病"的初期，英国经济力量削弱了，经济长期停滞，国内阶级矛盾激化，而英国对帝国各个部分的控制也不如以往。紧接着是在 20 世纪 20 年代长期经济停滞的基础上爆发了 30 年代的经济危机。通过国际贸易和国际金融等渠道，英国很快受到美国经济危机的影响。外来的震动和冲击使英国国内经济中原来就存在的各种矛盾激化了。1930 年第一季度起，工业生产指数和进出口贸易指数都显著下降，失业人数激增，到 1932 年第三季度，英国的经济危机达到了最严重的地步，失业人数达到了三百万，失业率达到了 23%。

5. "英国病"的加深（第二次世界大战—20 世纪 70 年代）

英国国内经济因 20 世纪 30 年代的经济危机和第二次世界大战而变得更糟。第二次世界大战后，英国对殖民地的控制削弱了很多。第二次世界大战后，1945—1951 年，在出口品竞争能力没有改进、出口贸易额不可能迅速增长的情况下，尽管有美国的贷款和美国资本的输入，但英国的国际贸易逆差增大了。1949年英国政府宣布英镑贬值30.5%。

第二次世界大战后的一段时期，英国奉行凯恩斯主义，用财政政策和货币政策对经济加以干预。推行凯恩斯主义的结果：一方面，它为英国创造了短暂的繁荣，1951—1964年，英国经济一度出现过"两低一高"（低失业率、低通胀率，高增长率）；但另一方面，从长期看，凯恩斯主义也给英国带来了灾难。政府开支过大，财政入不敷出，于是企业税收不堪重负，银根被迫一松再松。所引起的连锁反应是：生产停滞，失业反弹，物价飙升，通胀一发不可收拾。1967年发生了严重的英镑危机。这是继1949年英镑贬值之后的战后英镑第二次贬值，两次贬值尽管具有不同的国内外形势背景，但都意味着英国在国际贸易和金融中的地位进一步削弱。20世纪70年代进入经济滞胀，英国在所有的发达资本主义国家中，始终保持最低经济增长率、最高的通货膨胀率和最高的贸易赤字记录。

6. 英国病诊治阶段（1979年至今）

20世纪70年代，当时执政的工党政府面临的是物价飞涨、生产停滞、失业率居高不下的全面困境，1979年开始，撒切尔政府主推自由经济，大刀阔斧地改革政府管制，降低通货膨胀率和维持物价稳定，展开了英国的货币主义试验。该项改革带来了持续时间长达7年的经济增长，国际收支大大盈余，政府金融地位最高。同时政府通过微观经济政策，鼓励实业，提高效率和灵活性及市场竞争力。

撒切尔政府通过抑制通货膨胀，打击了工会力量，吸引了投资和获得了经济增长，1988年英国走出了经济危机。然而也因侵害了中下阶层的利益而在竞选中失利。兼顾中下层利益也就成了下一届政府的重心。布莱尔、布朗和现任首相卡梅伦以"第三条道路"阐释了英国的变革与创新，寻求"发展与公正""权利与义务"之间的平衡，以改革、现代化和合作的姿态应对全球化，如布莱尔所言"第三条道路是一次认真的重新评价，它既不是放任自流，也不是僵化的国家干涉主义，它寻求采纳中间和中左道路的基本价值观念，并使其使用于世界根本的社会和经济变革，而不受意识形态的束缚"。第三条道路尽管在社会改革方面未能向德国那样较好地处理经济发展与社会公正的平衡，但是使英国保持了较好的经济增长。

（二）英国快速工业化后期的发展道路和经验

1. 技术进步与创新体系

英国是一个科研实力雄厚的国家，其科学研究与发展（R&D）一直保持着很高的水准，拥有诸如牛津大学、剑桥大学、伦敦经济学院、帝国理工学院等世界著名的高等学府，历史上造就过像牛顿、达尔文、法拉第等诸多世界著名的科学家；英国的 R&D 几乎涵盖了科学、工程与技术的所有领域与分支。英国以占世界 1% 的人口从事着全球 5.5% 的科研活动；每年发表的科技文献数量占世界总数的 8%，引用率占世界的 9.1%，均居美国之后排名世界第二。

对关键产业的掌握及其核心技术的发现与发明，是技术进步与扩散过程的主要内容，也是英国最初得以确立"中心国家"地位的重要因素。如英国在欧洲第一次工业革命时期（1750—1870 年）之所以能在技术创新与技术扩散方面长期领先，主要得益于它占据了当时的关键产业（棉纺织工业和制铁工业）及其核心技术的先导地位。英国是完全凭借其内部的技术创新实现工业化的，而其他国家（包括美国和日本等）都是通过技术的引进、消化、吸收，实现技术追赶从而进一步实现自主创新的，因此，英国一开始就是被模仿的角色。

出于对优势技术的保护，直到 1825 年，英国仍禁止工匠迁居国外，对于那些具有价值的机器特别是重要的纺织机械发明和零部件以及设计图纸的出口禁令一直维持到 1842 年。但到 1825 年，还是有 2000 多名英国企业家、商业管理人员以及技术熟练工人移居到了欧洲大陆，这加速了以模仿英国为主的欧洲大陆国家主要工业部门的技术演进和其他创新。到 19 世纪 70 年代后期，英国的领先优势逐渐丧失，欧洲大陆国家此时已经拥有了在某些重要领域中与英国展开平等竞争的知识和手段，其中德国在 1870—1914 年真正完成了工业化，而且在工业领域赶上并超过了英国。

进入 20 世纪 90 年代后，面对来自其他国家的快速发展和技术挑战，英国也开始了技术创新领域的政策调整：

一是出台政策、计划以确立战略发展方向。如1993年和1994年分别出台了英政府科技发展的两个标志性文件：《实现我们的潜能——科学、工程与技术战略》和《政府资助的科学、工程与技术展望》。前者是英国政府的科技白皮书，后者被视为英国的年度科技报告。1998年英国政府又出台了名为《我们竞争的未来——构筑知识经济》的"政府竞争力白皮书"。为了在基础科研方面仍然保持其领先水平，并且在企业技术创新方面取得长足的进步，政府又于2000年发表了《面向21世纪的科学与创新政策》白皮书。先后推出多种科研计划，包括技术预测计划、"发挥我们的潜能"奖励计划、科学与工程合作奖励计划、"联系"计划、小型企业研究与技术奖励计划和公众认知计划等。旨在通过领先的基础科研和更加富有活力的技术创新，使英国在新一轮的世界竞争中占领制高点，进一步提高科技进步对本国经济和社会发展的贡献率。

二是构建科技创新管理体制。包括进一步规范国家科技评估机构体系；完善科技经费管理制度，增加透明度，建立科技研究的优先选择机制。英国政府于1970年正式确立了强化科研资助选择性的战略，"科技研究优先选择"作为一项政策，指在国家资金有限的情况下，在充分权衡科学发展趋势、国家发展目标以及社会和经济发展需求的基础上，对国家未来发展的主攻方向与重点领域予以重点支持，以期获得最大回报。

三是实施政府主导下的产学研合作模式。第二次世界大战后英国形成了由政府主导下的"产"（企业）、"学"（高校）和"研"（研究机构）三方面科技研究力量合作进行研究的科学研究体制。20世纪70年代以来，英国政府采取多种措施，促进产学研合作机制的发展和合作模式的多元化。产学研合作模式主要包括教研公司模式、科学园区模式、法拉第合作伙伴研究中心模式以及联系计划模式四种类型，其中联系计划是英国政府推动产业界、高校及研究机构进行合作的主要模式。英国政府曾在1986年启动联系计划，拨款2.1亿英镑用于"加速来自大学，政府部门和企业开展的科技研究成果的转化"。而法拉第合作伙伴计划则旨在通过中介机构将科学、工程和技术基础领域研究机构与产业界（尤其是中小企业）密切地联系在一起，通过中介组织将属于同一产业的和具有相同技术课题的研究人员结合在一起，有助于科技合作攻坚。2001 年英国政府先后启动公共部门研究开发基金计划和高等教育创新基金计划，以促进科研成果的开发与转化，英国政府将工作重心转到更宏观的服务上，如为科学园的发展创造更好的宏观环境，而不是直接投资创立科学园。

2. 产业结构转型

英国产业结构的调整对于新兴国家而言相对缓慢：英国实现第二产业（工业）在国内生产总值中所占比重超过第一产业（农业）这一转变过程，用了约半个世纪时间（1760—1820 年）；在工业产值超过农业后，工业产值在产业结构中所占的比重持续上升，直至达到高峰；在1851 年前后，英国工业劳动力超过农业；而在第一次世界大战前夕，即在英国开始产业革命 150 年之后，第三产业在产值和劳动力两方面才超过第二产业。

英国从第二次世界大战后至 1979 年，开展了国有化改革，将那些对国家和社会有重要战略意义的工业部类如铁路运输、煤矿、造船等实行国有化或公有化。20 世纪 70 年代末期，国有经济成分在国内生产总值中所占比例已上升到 12%，在邮政、通信、电力、燃气、铁路、造船和钢铁等工业部类，国有化比重高达 75% 或者更高。其结果却是：政府职能僵化，经济干预多度，使得竞争机制缺乏，导致了资源配置不合理、机构臃肿、企业管理水平低下的局面。

于是，从 1979 年开始，英国以"减少国有份额"为重点开始了结构调整和改革，旨在提高企业经济效益、建立国家创新体制和增强国家经济竞争力，其较有效的政策途径主要有：

一是股份制改革，包括两种类型：内部参股，即通过企业内职工持股方式让企业职工在本企业参股，参股数额视企业具体情况而定，使企业由原来的单一国有形式转变为私人或混合所有形式；外部参股，即采用企业外参股的方式组建合资公司，一方面拓展了企业资金渠道；另一方面迫使管理层有义务尊重股东的权利，有助于引入市场机制，减少和防止政府的过多行政干预。

二是以协议方式将原来中央或地方政府所执行的行政或服务职能转变成由私人执行和经营。这种形式对原政府部门下属事业单位和公司十分有效，使得原来的政府指令性行为转变为市场规范，大大提高了效率和服务质量，同时也降低了成本。

三是"国有＋私人投资经营"的捆绑模式。如对于一些投资力度大、回报周期长的基础设施建设和维护保养以及某些机构的运作管理，政府筹集资金难以满足运营要求，则可以在所有权归国家所有的基础上以该捆绑模式引入私人投资、经营和管理，获得利润。

结构调整导致企业拥有了更多的灵活性，以便向竞争力强和效益高的产业转移，加速了产业和技术的优胜劣汰。1998 年英国 GDP 的产业构成分别是：农业 2%、工业 31%（其中制造业 21%）、服务业 67%。结构调整尤其对经济效益低下的国有企业产生了巨大震荡；相反，新兴产业和具有竞争力的产业则获得了发展机会，如通信业、计算机产业以及相应的服务和咨询行业便在这一时期迅猛发展。失业人员经过培训，转入新兴产业部门重新就业。经过市场竞争的历练，这些产业增强了国际竞争力，逐步从国内市场向国际市场拓展。国际竞争又促进了国内产业的进一步创新和升级，这种良性的循环使得英国的产业结构不断优化调整。

3. 城乡等值发展的城市化

工业化带动了小城镇的发展，到 19 世纪中叶第一次工业革命完成时，英国开始进入城镇化时代。大城市的发展速度比小城镇快了两倍，在英国的约克郡、北部各郡和西米德兰的小城镇已经大多超出了小城镇的范围，但是工业化期间英国城镇化的发展总体比较平衡，工业化并未引起小城镇的普遍衰弱和大城市的过分拥堵。这在很大程度上归结为制度所提供的平衡机制：一是不同城市间的资源及公共服务的同质性；二是城市和农村发展的一致性；三是城镇发展的多元化。

英国到实现城市化的 1851 年，仍然有 923 个小城镇。虽然有的小城镇迅速发展，超出了小城镇的范围，进入了大城市的行列，使小城镇的数量有所减少；但在同时，一些原先的定居点或乡村逐渐变成小镇，小城镇数量又有所增长。因此，大小城镇数量与规模一直保持着大致相当的水平，城镇数量维持着动态的平衡。

工业化带动了小城镇布局的变化，使得大小城镇分布的地理范围更为广泛，结构更加分散。在工业革命前，英国许多繁荣的小城镇主要集中在南部，尤其是集中在东益格利亚、伦敦周围等，而在北部、西部的小城镇则无足轻重。18 世纪和 19 世纪上半叶，由于工业革命带来的经济变动、城镇本身的发展和交通运输的变革，国家的经济重心发生了转移，移到了西北部，于是小城镇布局随着经济中心的转变而发生了迁移，使得小城镇的布局更加扩大。工业革命的发展，英国从农业社会向工业社会的转变，从乡村社会向城市社会的转变，为小城镇向城镇和大城市的发展创造了条件，因此，19 世纪初的许多小城镇后来发展成为城市。

小城镇与大城市资源和服务的同质性，在一定程度上避免了由于区域失衡引起的大城市过度拥堵和小城镇没落。无论在农业英国，还是在工业英国，小城镇始终是英国社会不可缺少的重要组成部分。到 19 世纪中叶英国实现城镇化的时候，小城镇仍然构成一个完善的体系，随着城镇化的推进，小城镇的地位不但没有下降，反而有所上升。一是传统的集市作用的保留和公共服务设施的扩展。小城镇不仅保留了原先的农业社会的人口汇聚点和为农产品提供交换场所的乡村集市的功能，而且随着工业化的发展，公共服务设施得到了扩展，如教堂、学校、酒吧、旅店、杂货铺等公共设施。二是工业化促使小城镇向经济多元化发展，它们有着市场、服务、工业、港口等经济要素，如在西米德兰和西北部小城镇中超过 2/3 的小镇经济多元化。但在传统的农业区，如东米德兰地区只有不到 22% 的小城镇有着较多的经济要素，在崛起中的西米德兰和北部地区，伴随着大城市的发展，大城市周围如雨后春笋般涌现出一批工业小城镇。随着小城镇发展的加速，服务、零售和制造专业化特性的增强，社交和文化更城镇化了，城镇景观重新规划，建设更多的娱乐设施，城镇行政管理与组织扩展了，对许多城镇而言，政治也更加成为日常生活了。这种小而全的发展方式使得小城镇能够成为一个独立运行的体系，而不是哪一个大城市的附属地，并能与大城市或其他的小城镇相互补充。于是大城市与小城镇在经济、政治、生活、就业及公共设施等方面的差距在缩小，这种资源和服务的同质性，有助于区域的平衡发展，促进了小城镇的广泛分布和全面发展，避免了大城市的过度拥堵。

4. 相机抉择的对外开放政策

一个国家的对外开放政策是由其在特定的开放空间所处的相对发展水平所决定的，这在英国对外开放政策的变迁过程中得以充分的表现。在工业革命早期，英国实行重商主义贸易政策，主要服务于对殖民地海外贸易的扩展。英国在从棉纺织业引发的第一次技术革命到1825年，在技术领域都是封闭状态，它禁止工匠迁居国外，对重要的机械、关键的纺织机械发明和零部件以及设计图纸的出口禁令一直维持到1842年。而在工业革命使得英国成为世界制造生产中心，大量廉价的工业品需要更为广阔的市场的时候，英国便成为世界上第一个实行自由贸易的国家，其直接动力是以技术革新为主要内容的工业革命，英国自由贸易全盛于19世纪70年代。到20世纪30年代，英国被德国超越，丧失经济霸权地位的时候，开始从自由贸易转向贸易保护。21世纪以来，面对新兴国家的市场冲击，英国实行的是"以己之长攻彼之短"的选择性对外政策，以自由贸易名义推行产品标准，实质为通过技术贸易壁垒和环境气候贸易壁垒推行其贸易保护主义。

从对外贸易上看，英国对外部经济的依赖程度较大，其对外贸易依存度为40%左右。发展对外贸易是英国提高就业、实现经济稳定增长的重要战略。英国与80多个国家和地区有贸易关系，其中以美国、欧盟为主，欧盟区域内贸易占主导地位。主要出口国为美国、德国、法国、爱尔兰、荷兰、比利时和卢森堡等；主要进口国为德国、美国、法国、荷兰、比利时和卢森堡等。英国前20个贸易国主要是发达国家，其中欧盟成员国占9个，发展中国家只有中国、南非和印度。

从FDI（外商直接投资）上看，由于在良好的劳资关系、工人较大的灵活性，以及运营数十年的公司所享有的历史遗产等方面，英国仍保持着竞争优势，因此它依然是受FDI青睐的投资地。Ipsos Mori公司2010年的调查数据显示，尽管英国仍是最具吸引力的FDI目的地，但与美国的投资吸引力相比要落后 28%，比中国和印度也分别落后 25% 和 22%。与此同时，英国过去十年里在个人所得税、有技能员工的可获性、调控、规划管制、汇率风险、基础设施和生活质量方面已经严重下降，如英国将公司税从 28% 逐年减到 24%，但这一举措又被个人所得税税率最高征收额度从 40% 上调至 50% 而部分抵消。这将导致英国遭受从 FDI 首选地降到次要位置的威胁。

从 OFDI（对外直接投资）上看，英国是一个积极的海外投资国，2002 年英国对外投资账面价值总计达 5717 亿英镑，仅次于美国，沃达丰、BP 和壳牌公司名列世界前十位跨国公司的行列。从资金流向上看，英国对外投资相对比较集中，2001 年英国对外投资的 55% 流向欧洲，而这其中 84% 的投资又是在欧盟之内；有 1/4 流向美洲，其中绝大部分投向美国；亚洲仅占英国对外投资的 12%，拉美占 5%，澳大利亚和大洋洲占 2%，非洲只占 1%。

就政府政策而言，英国一直积极优化国内投资环境，吸引 FDI，支持在投资领域多边协定的谈判，因为它可以带来吸引外资所必需的低风险、稳定而有预见性的投资环境。同时，英国贸工部每年帮助 3500 个英国企业开拓海外市场。英国设在全球各国的商务处构成了一个全球网络，协助政府使英国一直处于国际贸易和投资的前沿。英国贸易和投资局（UKTI）负责为有出口和投资愿望的企业提供快捷和权威的信息咨询；设在各国的商务处也是英国企业的耳目，帮助企业打入当地市场，寻求机会并成功地实施项目。英国政府还经常在本国和海外举办一些展览会，并每年支持 6000 个本国企业出席海外展览会和研讨会。企业可以借机检验市场、与当地建立联系并展示和宣传企业实力。

5. 收入分配的有效调节

20 世纪 80 年代初期和中期，英国居民收入差距基本稳定。从 1986 年开始，居民收入差距逐步扩大，于 1990 年达到峰值，基尼系数为 0.36。进入 90 年代，英国政府提高了直接税，同时加大了社会福利对低收入人群的救助力度，居民收入差距稳中有降。2005—2006 年，英国户均可支配收入的基尼系数为 0.34。在初始收入中，英国 20% 收入最高的群体所得收入占到 51%，收入最低的 20% 仅占 3%。初始收入的基尼系数高达 0.52。通过各种社会保障措施对居民初始收入进行调节形成总收入后，居民总收入的基尼系数缩小至 0.37，下降 15 个百分点，显示收入分配调节政策效用显著。英国调节收入分配的主要政策工具是就业培训、税收调节、社会保障制度：

（1）就业培训。英国通过就业能力培训和再就业培训，以及对失业者进行职业培训、心理辅导等全方位的就业服务，帮助劳动者取得不同行业、不同等级的职业资格证书，为他们增强就业能力。如开展"在职员工技能学习"计划项目，提高劳动者的职业技能水平，促进社会生产力的发展。英国政府计划到 2020 年，将全国的劳工技能学习中心增加到 22000 家，同时完成对 70% 以上在职职工的在职培训。

（2）税收调节。英国通过个人所得税、遗产税、资本利得税、国民保险税、社会保障税等税收来调节收入分配差距，其调节效果明显。以个人所得税为例，英国个人应税所得实行三级超额累进税率，每级之间差距显著，收入越高，税前收入与税后收入的差额就越大，税收累进调节的力度也越大。如 1994—1995 年度，1% 的最低收入者税前收入在 3690 英镑以下，税后收入在 3640 英镑以下；10% 的低收入者税前收入在 5270 英镑以下，税后收入在 4980 英镑以下；10% 的高收入者税前收入在 26100 英镑以上，税后收入在 21100 英镑以上；1% 的最高收入者税前收入在 68400 英镑以上，税后收入在 48100 英镑以上。

（3）社会保障体系。英国是最早建立社会保障体系的国家，主要工具包括养老保险、医疗保险和失业保险。

养老保险分为国家养老保险和私人养老保险。国家养老保险保障对象为全体公民，凡按规定在受雇期间缴纳了国民保险税而且累积缴纳期限超过一定年份者，退休后（男性 65 岁、女性 60 岁）均可以享受养老金。私人养老保险包括职业养老保险和个人养老保险。这两种养老保险采取市场运作的模式，一般都可以享受一定的税收优惠政策。如 2008 年，英国 2500 万有雇佣关系的劳动人口中，大约有 1070 万人享受由企业管理的职业退休金，700 万人参加个人养老金计划。

英国是第一个实行全民医疗保险的国家，通过国民医疗服务系统为全体公民提供医疗服务。整个国民医疗服务体系由初级服务、社区服务和专科服务三个部分组成。英国的国家卫生服务制度涵盖全体公民，基本上所有的医疗服务机构都由政府举办，所有的医疗保障一律由政府免费提供。卫生部门对整个医疗保障系统进行全方位干预和直接管理。但英国医院的医疗服务效率偏低，以伦敦的具体情况为例，急诊等候时间平均为 2 小时，常规门诊预约时间为 2—6 个月，而住院手术要等半年以上。

英国在开展就业培训的同时，还附有失业保险政策，失业保险的额度是由地区生活费用支出、个人存款、本地最低工资水平等共同决定的，以避免标准不当影响就业积极性。津贴领取者要在本地就业服务中心进行求职登记，签订同意努力寻找工作协议，每两周提交一次寻找工作的计划、进程和结果。

（三）英国发展道路对中国的启示

1. 构建适合自身需求的产学研合作模式、完善的科技创新和管理体系，推动科技进步

完善的科技创新和管理体系对于技术进步至关重要。英国科技创新管理体系的建立和完善在促进企业的科技进步以及成果转化方面发挥了显著的作用，如通过科技评估扭转政策执行过程中出现的偏差，及时调整科研经费，使资金发挥最大限度的效用。英国产学研合作模式的优势体现在产学研合作模式的多样性，以及各种模式目标的多功能性。合作模式的多元化既能灵活执行国家综合科技发展计划，又可以使产学研三方责权利协调统一。我国创新型国家的建设也需要从完善科技创新管理体系开始，确定科技研究优先发展领域，促进科技资源的优化配置，使有限的科技投入发挥最大的效用，从而推动产业的优化升级。

2. 充分发挥税收对居民收入差距的调节作用

英国个人收入调节政策和手段一直都很明确——高收入者多纳税，低收入者少纳税甚至不纳税。以个人所得税为例，2005—2006 年，10% 最低收入群体平均缴税 264 英镑，占其收入的 3%；10% 最高收入群体平均缴税 17553 英镑，占其收入的 20%。而我国的税收制度远未

有效发挥对城乡居民收入差距的调节作用，甚至对中低收入者产生逆向调节的效果。因此加大税收调节力度对于缩小收入差距，促进社会稳定具有重要的意义。

3. 完善与我国发展水平相适应的社会保障制度

英国健全的社会保障虽然对消除贫困、缩小收入差距起到积极作用，但是大规模的福利支出造成巨大财政支出压力，导致税收的大幅增长以及基础设施建设等其他财政支出的减少，损害了经济长远发展的基础，最终影响居民就业及收入水平的提高。在我国，由于收入分配存在的巨大鸿沟和劳资不平等现象，矛盾冲突时有发生（如富士康事件），相关部门也出台了一些政策措施，建立了一些专项协调机制。但由于缺乏系统性和有效的衔接配套机制，导致政策可操作性低，缺乏持续性。因此，我国亟须构建一个有助于缩小城乡、地区、行业、群体之间差距的、稳定规范的综合协调机制，推动形成公平有序的收入分配格局。

4. 在城市化过程中促进地区平衡和城乡等值发展

英国工业化和城市化并未引起地区发展的明显失衡，以及小城镇的普遍衰弱和大城市的过分拥堵。为什么在中国，在存在严格的户籍制度的条件下，还阻挡不了人口对大城市的冲击及其相应的小城镇的凋零？我国要解决地区失衡和城市病问题，英国的平衡机制是很好的借鉴，通过制度提供平衡机制：一是不同城市间的资源及公共服务的同质性；二是城市和农村城镇发展的一致性；三是城镇发展的多元化。

5. 与发展阶段相适应的对外贸易政策

一个国家开放与否，以及开放的程度高低，开放进程的速度大小，通常是相对于特定的空间和时间而言的。即使是英国这样一个最早实行自由贸易的国家，在特定的领域和特定的时间段都是背离"自由贸易"的要求的。尤其是在技术转让、贸易、移民、投资甚至信息传播方面，均设置了大量限制，以确保其经济利益。因此，一个国家赋予外国资本在本国内的自由度，是由东道国的发展阶段和在全球中的相对实力来决定的，过犹不及，将使它损失本国及其人民的正当权益，从而危及国家的独立生存和健康发展。

四　印度发展道路

自独立以来，印度经济增长呈现出非线性的指数变化趋势。从一些研究提供的数据来看，第二次世界大战后，印度经济增长速度的相对提升实际上开始于20世纪80年代，原因在于该时期政府为获得政治支持，改变了对私人部门的态度，进而导致了巨大的生产率回应。在产业结构调整的过程中，印度通过实施"亲商业化"的经济改革为服务业的发展创造了适宜的制度环境。在城市化进程中，印度出现了农村劳动力向城市和非农产业转移迟缓以及转移后就业结构与产业结构发展不均衡等问题。印度丰富的自然资源，巨大的人口红利，庞大的国内市场，以及高速的经济增长率，都成为吸引国外投资者的重要因素。但同时也存在一些不利因素，影响着投资者的选择。印度的居民收入差距呈现先下降再上升的演变趋势，类似一个平缓的"U"形。

印度发展的道路说明，"华盛顿共识"不是经济增长的必要条件；在发展势头较好的阶段不断推进改革，为经济未来进一步增长创造适宜的制度环境；促进产业结构调整，大力发展服务业，尤其是现代服务业；消除以户籍制度为代表的制度性障碍，为农村劳动力的自由转移创造条件；打破城乡二元结构，缩小城乡收入差距。

（一）印度经济发展历史简述

自1947年摆脱英国殖民统治取得独立以来，印度取得了政治和经济上的独立地位。但是，印度在其后的经济发展过程中却并不是一帆风顺的。1947年独立以来到20世纪80年代，印度经济增长缓慢。受到苏联的影响，印度自独立后的尼赫鲁政府便开始逐渐导入并强化计划经济体制。仿照苏联，印度从1951年开始制定经济发展的五年规划，强调中央计划指令和政府干预，优先发展国有经济，以产业许可制度等形式严格限制民间私营部门的市场进入，形成了以金融体系为代表的庞大而效率低下的国有部门和僵化的劳动力市场。印度还实行了大力发展资本技术密集型产业的进口替代型经济政策，限制海外投资和对外贸易的开展。印度在此阶段仅仅取得了较低的经济增长，经常被讽刺为"印度式经济增长（Hindu Growth）"，与同期的以"亚洲四小龙"为代表的实行开放性市场经济体制的东亚及东南亚国家和地区的快速经济增长形成了鲜明的对比。

从 20 世纪 80 年代中期开始，印度的拉吉夫·甘地政府开始了放松计划约束和管制的市场化改革尝试，如废除价格管制、简化产业许可制度手续、减轻企业所得税负担等，一定程度上提高了印度的劳动生产力和经济增长水平。但伴随着促进经济增长政策，支出扩大、利息支出增加以及以资本品为主的进口增加，使得印度出现了政府财政收支和经常项目的双赤字现象，并呈不断扩大趋势。此外，由于受到当时最大贸易伙伴苏联解体，海湾战争和随之而来的石油价格高企、中东等地的海外印度居民汇款剧减等海外因素的共同影响，在 90 年代初期，印度的国际收支进一步大幅恶化，甚至陷入了债务违约的困境。

为了改善国际收支问题，缓解以计划经济为主导的混合型经济体制带来的种种矛盾，1991 年 6 月就任的印度首相拉奥和财政大臣辛格，在实施以卢比贬值和贵金属担保外汇贷款等为主的危机管理的同时，也接受了 IMF 和世界银行的援助和结构改革建议，开始进行大胆的经济自由化的系统性改革，改革的目的是：通过实施经济自由化和市场化的"改革开放"政策，主要以改革国有经济部门、允许和扩大民间私营企业的市场参与、吸引海外投资和鼓励对外贸易等形式为中心，不仅可以度过国际收支和债务危机，并且能够为印度的经济发展奠定基础。在此之后，尽管面对来自工会、农业团体等利益团体的巨大压力，以及进行政党更替的政治风险，但是，印度坚持了经济自由化、市场化和开放化的改革方向。

通过经济改革，一方面，印度实际上废除了优先发展公共部门的经济政策和产业许可制度，同时引入了市场竞争机制来促进民间私营经济的发展和国内市场的扩大；另一方面，印度还通过下调关税、废除进口许可制度、放松进出口和外资进入管制等措施，推动了对外贸易和海外直接投资的自由化进程，使印度经济和世界经济不断融合，并在此过程中提高了印度国内经济的增长速度、增强了印度企业的国际竞争力。尽管在 20 世纪 90 年代后半期到 21 世纪初曾出现经济增长放缓的波动，但是印度的经济增长率在经济自由化改革后，总体上保持了快速增长的势头。特别是在近期的第 10 个和第 11 个五年计划中都取得了近 8% 的高速经济增长。总而言之，印度经济在过去二十年间享受到了市场化改革所带来的经济快速增长的成果，和中国、巴西和俄罗斯一起被并称为新兴市场最具有代表性的"金砖国家（BRICs）"，引起了全世界的瞩目。同时，随着经济的快速发展，印度在削减贫困、提高国民教育水平和平均寿命等方面也取得了积极的进展。

受全球金融危机的影响，印度的经济增长率在 2008 年年底减速至 5.8% 的低位。虽然自 2009 年下半年起，印度经济很快又呈现出了复苏的迹象，并且在 2009 年和 2010 年创造了平均 8% 以上的经济增长率。但是进入 2011 年度以后，由于受到欧洲主权债务危机、国际收支恶化、为控制通胀而采取的货币紧缩政策等因素的共同影响，经济增长速度再次出现了大幅下滑，由 9% 以上的高位迅速跌落至 6% 以下，达到自 2002 年以来的历史低位，引起国际社会对印度未来经济发展趋势的广泛担忧。

面对这种情况，印度在"十二五"发展规划（2012 年 4 月—2017 年 3 月）中制定了至少要保持平均每年 9% 的经济增长率目标。具体到各个产业来看，首先，印度政府认为必须要大幅提升农业部门、工业部门以及电力、能源、供水等公共服务部门的增长速度。其次，印度需要维持一贯增长强劲的服务业等部门的增长率在两位数的高水平上。其中，工业部门、建筑部门和服务业增长率的进一步发展将有助于吸收新增劳动力的就业。进一步发展能源和采掘行业则将有助于减少印度对能源进口的过度依赖。而能源供给的瓶颈还被印度政府看作可能影响印度达成预定经济增长目标的潜在障碍。最后，印度政府希望促进农业部门的经济增长至 4%，否则不但无法达成印度政府平衡的经济增长目标，还可能引发通货膨胀从而威胁到其他产业部门的发展。

此外，印度政府在"十二五"规划中还特别强调了在保证持续快速经济增长，谋求经济增长的包容性（inclusive growth），从而改善日益扩大的印度各地区之间、各阶层之间的发展不平衡现象。

（二）印度的发展道路和经验

我们从技术进步、产业结构调整、城市化、对外开放和收入分配五个方面对印度的发展道路进行总结。

1. 技术进步

全要素生产率通常被用来衡量技术进步在生产中的作用。从一些研究提供的数据来看，印度的经济增长实际上开始于20世纪80年代。与70年代相比，80年代印度的产出、人均产出以及全要素生产率都有显著提升，而部分指标在1991年之后增速反而放慢了。从跨国比较的情况看，1960—1980年印度每个工人的产出远低于其他地区，仅高于非洲，但在20世纪80年代超过了大多数国家与地区。

80年代印度生产率提高到底源自何方？是否源自适宜外部条件下印度自主进行的改革开放呢？情况并非如此。

在外部环境方面，80年代的世界经济形势并不理想。受70年代石油冲击的影响，除中国以外世界经济增长普遍放慢，工业化国家的生产率下降，印度的对外贸易条件恶化。在外部自由化方面，20世纪80年代印度虽然采取了一些自由化措施，但总体上不管是通过关税水平（有效保护）还是通过数量限制程度（覆盖率）衡量的保护水平都仅略微有所降低。数量更多、程度更大的自由化措施主要集中于90年代，其效果可能到90年代晚期才会充分体现。

在内部自由化方面，1985—1988年，拉吉夫·甘地试图改革印度的工业化许可证系统，但总体上改革幅度有限，60%—80%的工业仍然处于严格的管制中。因此，国内自由化改革进程实际上远远落后于80年代早期印度生产率的起飞。70年代后期以来，印度出现了资源在产业间的重新配置。1975—1995年在印度劳动力总人数中，农业所占的份额下降了10%，工业上涨7.5%，服务业上涨2.5%。资源从低生产率的农业转移到生产率更高的制造业或服务业，总体生产率应该会有所提高。然而，研究者认为，这种转变只解释了印度80年代生产率的提高不到10%。

印度该时期生产率提高的完整故事是：政府对私人部门态度转变，

进而导致实际政策改变。为获得政治支持，这种政策改变有利于现有企业，而不是促进市场竞争。由于印度远离其收入可能性边界，小的政策转变导致巨大的生产率回应。

80年代印度政府对私人部门的态度开始转变，尤其是英迪拉·甘地领导下的国大党，对私人部门的态度从最初的敌意、到温和支持、再到非常支持。这种转变开始于1980年英迪拉·甘地的第二个任期。1985年出任总理的拉吉夫·甘地据此实施了一系列制度调整。

印度政府出现这种态度转变的原因是，执政者在印度人民党执政三年后希望获得更加广泛的政治支持。由于调整的主要目的是获得政治支持，所以，相关行动主要包括减税、放松资本投入的进口限制和放松产能限制等有利于现有商业企业的政策调整，而不是通过放松产业管制来促进市场竞争。从政策实施的效果看，如果印度一个邦的执政者与中央政府的执政者同属一个政党或存在政治联盟，那么这个邦在20世纪80年代相对于其他邦经济增长更快，而在60年代和70年代，这种经济增长差异并不显著。此外，印度已登记企业的增长率在80年代比未登记企业高4.3%，而在60年代和70年代，两者间的增长率差异只有1.7%。

为了获得政治支持的有限改革为什么会导致印度生产率显著提高呢？其原因在于：印度当时的经济增长远离其稳态收入水平。诸多的文献已经强调了制度对经济增长的重要性。有些研究者使用免于征收风险的程度来衡量经济制度、对政府行政部门的限制程度来衡量政治制度，发现印度80年代的收入水平只有按照经济制度水平预期的1/4，只有按照政治水平预期的15%。

2. 产业结构调整

印度是一个传统农业大国，农村人口占总人口的72%。来自印度政府的数据显示，2010年，农业占GDP的份额为18.7%。印度农业生产率低下，2010年粮食总产量为2.2亿吨，单位面积产量为每公顷1.7吨，远低于每公顷2.6吨的世界平均水平。

印度工业包括纺织、食品加工、化工、制药、钢铁、水泥、石油和机械等。近年来，印度致力于发展现代工业，已经基本建立比较完善的工业体系。在某些尖端的高科技领域，印度开始崭露头角，如高端制造业已成为印度赚取外汇的重要部门之一。随着印度产业结构调整的深入，棉麻纺织业、制糖、榨油等传统工业的优势地位正逐渐被附加值和技术含量更高的机械电子、能源、化学等产业所替代。

印度的服务部门尤其是通信技术，自 1997 年以来年均增长达到 8.1%，成为经济增长的重要力量。凭借工人良好的教育背景及英语语言优势，印度在软件开发、商务处理外包等领域发展迅速，使印度享有"世界办公室"的美誉。凭借自身多元的文化背景、复杂的宗教信仰、文明古国的历史传承以及多民族的冲突与融合，印度的文化产业也独树一帜。通过一系列政策扶植，电影业发展迅猛。

造成印度这种产业结构特征的原因是多样的：

首先，制造业对基础设施的依赖较高，而服务业对基础设施的依赖较小。在基础设施处于弱势的情形下，印度经济发展的重心只能向资源依赖性较低和资源消耗较少的服务业倾斜。

其次，印度将大量资金投入大学，重视"精英人才"的培育。出色的大学体系，使印度每年可培养 100 万名工科毕业生，因此，印度科技实力名列世界前茅。加之长期的殖民化，印度高层与英美在文化、语言、生活习惯上能互相理解和融合。鉴于此，印度拥有为数众多、具有英语优势和专业优势的软件工程师和信息产业服务商，从而为 IT 业和软件外包业的发展奠定了良好的基础，促使印度在承接欧美服务业外包方面具有明显优势，进而可以实现服务业的"专业化、规模化、范围化"的发展。

最后，20 世纪 90 年代后，印度政府以"亲商业化"为导向，实施了具有"新自由主义"特色的经济改革，涉及印度的财政、货币、物价、外资、工业等多领域，从而为服务业的发展创造了政策保障环境。例如，印度服务业在早期受政府的干预程度较高，尤其金融、保险、电信等行业，国有企业处于主导地位。但从 1991 年开始，政府将这些领域向私人投资者和外资开放。如今，私营、外资与合资企业已在印度移动通信市场占据主导地位。与此同时，印度在投资软环境，尤其是金融自由度、产权制度和法律体系等领域进行改革，引导各种要素资源跨越制造业而流向服务业，从而为服务业的发展提供了政策环境，促进了"跨工业化"增长道路的生成。例如，在印度有限的外国直接投资中，外资主要集中在软件（13%）、IT 服务（20%）、金融服务（5%）、汽车（5%）、电力（3%）等技术密集型行业，从而促进了这些产业的技术水平、管理水平和创新能力的提升。

3. 城市（镇）化

印度在城市化过程中农村劳动力向城市和非农产业转移迟缓；转移后，就业结构与产业结构也呈现不均衡的发展态势。独立后，印度农村劳动力向城市转移的速度比较缓慢，基本处于一种停滞状态。从中国与印度比较的角度看，在将近 40 年的时间里，中国城市人口占总人口的比例提高了 26.6%，而印度仅提高了 10%，远远低于世界的平均水平。在 1990—2009 年的 20 年时间内，印度这个比例仅增长了 3%。1970 年，印度人口的城市化率要高于中国 2.4 个百分点（中国 17.4%，印度 19.8%），到 1985 年，这个比例差就缩小为 1.3 个百分点（中国 23.7%，印度 25%）。从 20 世纪 90 年代开始，中国城市化率迅速提升并拉开了与印度之间的差距。1995 年，中国人口的城市化已经超过印度 2.2 个百分点（中国 29%，印度 26.8%）。2009 年，中国已经以 44% 的人口城市化率超过印度的 29.8%，接近了世界人口城市化率 50.3% 的比例，且 2011 年这一比例首次超过 50%。

造成上述现象的原因是多样的。首先，印度落后的农业生产方式限制了农业劳动生产率的提高，无法释放出充足的农村富余劳动力。根据联合国粮农组织的统计，2007 年平均每千公顷耕地上拖拉机的使用量，印度 19.9 台、中国 27.7 台、韩国 163.3 台。

其次，印度劳动密集型工业占的比重很小。因此，虽然工业产值不断增长，但由于容纳劳动力较少、资金周转较慢，严重地制约了工业部门对劳动力的吸纳。

再次，具有 3000 多年历史的种姓制度构成了印度独特的社会结构，不同种姓划分并确定了人的社会等级及固定职业。在印度的农村，种姓制度仍然是乡村社会结构的基本构成。农民缺乏对财富和改变自己社会地位的追求，没有积极地进行人力资本投资，许多的农村劳动力不愿意向城市迁移。

最后，印度高速发展的金融和信息产业对劳动者素质的高要求提高了就业的门槛，大量低素质的农村劳动力被拒之门外而根本无法分享印度第三产业发展所带来的成果。印度土地制度释放出的大量农民涌入城市不但没有解决贫困问题，反而在许多城市形成大片贫民窟。正如有的学者所概括的，印度的城市化是"贫困推动的城市化，而不是人口迁移推动的城市化"。

4. 对外开放

印度丰富的自然资源，巨大的人口红利，庞大的国内市场，以及高速的经济增长率，都成为吸引国外投资者的重要因素。但与此同时，也存在一些不利因素影响着投资者的选择。根据世界经济论坛的全球竞争力指数，2010—2011 年度印度名列第 51 名（共 139 个国家）；根据世界银行对"做生意难易程度"的排名，2011 年印度在全球 183 个国家排第 132 名。

第一，在市场准入问题上外国企业面临复杂的程序。在印度申请开始营业的程序很复杂，要至少经过 12 个步骤。世界银行估计，在印度开始营业整个过程需要至少花费 29 天，其成本约为印度人均 GNI 的 56.5%。在全球开始营业的难易程度排名中，印度在 2010 年排名为第 165 名（总共 183 个国家）。

第二，在印度合同的执行力非常差，对合同争议解决的效率属低下水平。外国投资者经常抱怨合同缺乏公正，争议事件频发。另外，印度法院的效率也十分低下，致使悬而未决的纠纷案件大量积压。有学者指出，在印度完成公司破产清算可能需要长达 20 年。总的来说，印度的法律体系缺乏速度、能力和可执行性。

第三，印度劳动法规复杂且不合时宜，妨碍了就业机会的创造，甚至成为许多跨国企业投资的障碍。印度的劳动法过度保护工人，强调工人的议价能力，法令本身数量多且烦琐，劳资纠纷解决机制非常复杂，一些公司，尤其是超过 100 名工人的公司认为，与电力短缺问题相似，劳动法规是印度投资环境的一个重要缺陷。印度的劳动法规是世界上最复杂和最具限制性的。投行摩根士丹利指出，"劳动力立法是过去 15 年印度经济自由化过程中主要的败笔"。

第四，印度金融体系问题重重。首先，虽然近年来印度资本市场不断扩张，但与其他新兴市场和发达经济体相比，目前印度资本市场的规模仍相对较小，尤其是印度债券市场和货币市场的发展远远落后于股票市场。其次，印度股市缺乏广泛的流动性，目前可供交易的股票比例仍然有限，印度股市主要是印度公共部门的债务工具，严重的市场操控行为导致散户投资者在投资时缺乏信心。最后，对外国机构投资者和非印度常驻居民的限制阻碍了印度债券市场的发展。

此外，印度的种族和宗教矛盾，政党之间的争斗和内耗，社会贫富差距加大，暴力和腐败横行等，都是印度投资环境的减分项。

5. 收入分配

第二次世界大战后，印度的居民收入差距呈现先下降（20 世纪 50—70 年代中期）、再上升（20 世纪 70 年代中期—21 世纪初）的演变趋势，类似一个平缓的"U"形。2000 年之前，印度收入差距上升的速度相对比较缓慢，20 世纪 90 年代末的收入差距甚至要小于 20 世纪 50 年代初，但进入 21 世纪后，印度的收入差距明显扩大，2004 年的收入差距水平已经略高于 50 年代初的水平了。

20 世纪 50—70 年代中期印度居民收入差距的缩小，与印度的土地制度改革和农村地区的发展密切相关。印度的土地改革在一定程度上削弱了大地主对土地的高度垄断，促进了农村经济发展和农民收入水平的提高，对缩小收入差距起到了一定的积极作用。1963—1980 年印度实施的具有农业技术革命意义的"绿色革命"，也有效缓解了农村贫困，使农村内部不平等程度逐渐降低，城乡不平等的整体状况也有所改善。

20 世纪 70 年代中期以后，特别是自 90 年代初开始，印度收入差距的明显扩大，与其 20 世纪 90 年代开始推行的以自由化、市场化、全球化为导向的经济改革及产业结构的变化有关。在更为自由的市场经济条件下，不同地区由于竞争力不同，经济发展及收入差距迅速扩大，这也间接地与各地区对外开放程度不同、受益水平不同有关。而且，1990 年印度开始进行经济自由化改革后，农业发展受到忽视，农业增长的放缓使城乡收入差距趋向扩大。与此同时，印度产业结构的变化、现代服务业的迅速发展，使服务业内部不同分工的劳动者的收入差距扩大，也成为后期印度收入差距转向扩大的一个重要推动力量。

印度无论是在20世纪50—70年代中期收入差距的缩小，还是在20世纪70年代中期至21世纪初收入差距的扩大，都表现出共同的一点，就是城市内部收入差距比农村内部收入差距要大，城市内部收入不平等程度大大高于农村内部的收入不平等。农村内部的收入差距小于城市内部，主要受益于印度的土地制度改革和"绿色革命"，而90年代的市场化改革和城市服务业的迅速发展，则成为城市内部的收入差距较高的重要原因。

（三）印度发展道路对中国的启示

印度的发展道路为中国的未来经济发展及结构转型提供了重要启示。

1. "华盛顿共识"不是经济增长的必要条件

关于印度经济增长的研究，一个重要的发现是验证了"华盛顿共识"不一定具有普遍适用性。20世纪80年代，绝大多数拉美国家陷入了长达10余年的通货膨胀、债务危机的经济困难。1989年，曾担任世界银行经济学家的约翰·威廉姆森执笔写了《华盛顿共识》，系统地提出指导拉美国家经济改革的各项主张，包括实行紧缩政策防止通货膨胀、削减公共福利开支、金融和贸易自由化、统一汇率、取消对外资自由流动的各种障碍以及国有企业私有化、取消政府对企业的管制等。长期以来，一些研究者、国家乃至国际组织试图用"华盛顿共识"来指导发展中国家的实践。而就印度的情况来看，经济增长远远早于"华盛顿共识"式的改革。这意味着"华盛顿共识"不是经济增长的必要条件。

2. 调整经济结构，大力发展服务业，尤其是现代服务业

印度借助服务业的发展嵌入全球价值链的服务外包环节，进而借助服务业的发展反向刺激工业的发展，其道路具有一定独特性，并显示出资源环境友好的特征。但劣势也很明显，例如难以实现充分就业，社

会和谐度低，服务业的持久发展缺失基础设施的保障和制造业的支撑等。而中国工业化过程中的一个显著特点就是，以加工制造嵌入全球价值链的加工制造环节，GDP 因此快速增长，但却陷入资源环境高消耗的粗放型经济增长困境。中国可以借鉴印度的经验，培养服务业人才队伍、提高社会消费需求和购买力、优化服务业产业结构、培养服务业龙头企业、加大服务业自由化改革力度、提高服务业的创新能力，以加快服务业的发展，增强服务业对工业的反哺效应，保障我国工业化进程在"资源环境双约束下"又快又好地和谐推进。

3. 消除以户籍制度为代表的制度性障碍，为农村劳动力的自由转移创造条件

印度特殊的种姓制度虽然在思想观念上限制了农村生产力的转移，但是，印度实行人口自由的迁徙政策，法律保护人民自主流动的权利。印度劳动力转移过程中面临的主要问题是城市基础设施和公共服务供给力不够的硬性约束。而中国农村劳动力转移所面临的主要是以户籍制度为代表的人口迁移制度的软性约束。从表象看，农业转移人口融入城市最直接的阻碍是户籍制度，户籍制度的实施造成了城乡居民在社会福利、医疗保险、基础教育等方面不均等的待遇，人为造成了城乡二元结构。从深层次角度讲，非正式制度的社会歧视也阻碍了农业转移人口与城市的融合和对城市社会的认同。所以，中国户籍制度改革与创新的难点并不在于统一城乡人口登记管理制度，而是要逐步剥离附加在户籍上的种种不平等福利待遇，逐渐消除户口的物质化因素，恢复其本来的人口管理功能。目前，北京、上海、重庆、广州等多个大城市和地区都出台了户籍管理制度的新政策，力图打破城乡二元户籍管理制度，逐步建立城乡统一的户口登记制度，这必将为农业转移人口的自由流动创造条件，促进和加速劳动力的转移进程，实现城乡居民身份和权利的平等。

4. 在经济繁荣期不断推进改革，为未来进一步发展创造适宜的制度环境

印度 1991 年的危机引发了自由化改革，进而结束了数十年的停滞，促进了经济的快速增长。印度目前正处于自 1991 年国际收支危机以来

最严峻的时刻，过去三个月里卢比贬值了 13%，而按美元计算股市下跌了 1/4。借款利率达到了雷曼兄弟破产后的水平，银行股遭受重创。印度之所以出现困难，部分要归因于全球大趋势，然而更多的是由于印度没有适时推进改革。在 2003—2008 年这段经济繁荣期，推行改革相对容易，但政府却没有解放劳动力、能源以及土地市场，基础设施建设也没有跟上，而腐败和官僚作风却愈演愈烈。

领导上的分裂是印度推进改革的最大障碍。国大党内部对于经济上任何重大的改革都存在显著分歧。许多高级领导人反对进一步的改革，其中有些人可能认为经济改革将花费他们的选票，或至少不会获得新的选票；有些人可能自满于印度的既往经济增长，认为尽管自 2004 年以来印度极少采取新的重要改革措施，但经济仍然高速增长；有些人将近期经济增长放缓归咎于全球趋势或周期性的国内因素，而不是经济改革停滞的累积影响。

民粹主义也是影响改革的重要原因。尽管经济快速增长，但印度仍有约 1/3 的人口生活在贫困线以下，农村人口更高达 72%。如此大面积的农村人口和贫穷人口，使任何政党都不得不贴近乡土，反市场化的各类补贴长期顽固生存。严重的民粹主义使得任何市场取向的改革计划都变得畏首畏尾，唯恐被扣上忽视弱势群体利益的大帽子，经济改革越来越成为政治贴身缠斗的焦点和意识形态化的对象。

展望未来，印度对这次危机的处理同样能留下宝贵的财富，然而前提是选民和下一届政府意识到新一轮改革的重要性，这样才能消除经济中的瑕疵、释放出巨大的潜能。

5. 打破城乡二元结构，缩小城乡收入差距

城乡二元结构差异是发展中国家的普遍现象，也是中国与印度城乡居民收入差距扩大的重要原因，我国的二元经济结构特征比一般的发展中国家更为突出，因此要缩小城乡居民收入差距，必须要促进二元经济结构的转化。首先，大力发展现代化农业，增加对农业部门的资金投入。在缩小城乡收入差距的过程中，应更注重农民收入的提高，而调整农业内部结构、提高农业劳动生产率、降低农业生产成本、提高农产品价格、增加产出，使农业高度现代化，这无疑是最直接有效的。其

次，建立城乡统一的劳动力市场和就业机制。通过深化户籍制度改革推动城市化进程，降低其对人口流动的限制，努力消除户籍制度壁垒。消除城镇就业市场的歧视性，消除劳动力流动的各种障碍，让劳动力在城乡之间、地区之间充分自由流动，为城乡居民提供平等的就业机会。完善公共就业服务体系，让进城务工的农村居民能够正常地享受到城市的教育和医疗卫生等公共服务，保护他们应有的享有社会公共资源的权利、获得劳动报酬的权利等。最后，加快农村基础设施建设步伐，缩小城乡基础设施差距。因为农村基础设施往往非常落后，仅仅依靠市场来解决的困难较大，而依靠其自身积累来解决也是不可能的。因此，提高农村居民收入，缩小城乡收入差距，必须加强农村落后地区的基础设施建设，促进城乡基础设施和基本公共服务均等化。

五　俄罗斯发展道路

自 20 世纪末苏联解体以来，伴随着社会和政治制度的深刻变革，俄罗斯的经济发展道路也进入了全面调整和转型阶段。作为世界上最大的转型国家，过去 20 多年来，俄罗斯对社会转型和经济发展道路的多次探索和尝试，以及俄罗斯经济社会发展过程中所经历的挫折和取得的成就，都展现出丰富的内涵。总结和回顾 20 多年来俄罗斯经济社会发展道路的经验和教训，对比俄罗斯与其他新兴经济体发展道路之间的差异，对于进一步探索中国经济的发展和转型，以及对于整个转型经济体的研究都具有重要的现实意义。本节通过对俄罗斯经济发展转型的纵向回顾和横向对比分析，探讨分析俄罗斯经济发展道路的基本特征、面临的主要困难和挑战，提出俄罗斯经济转型和发展道路对中国经济进一步发展和转型过程中可供参考的历史经验。

（一）俄罗斯的经济发展简史

尽管俄罗斯追求经济繁荣和国家现代化的努力，最早可以上溯到 18 世纪初期彼得一世大帝开启的向西方全面学习的改革措施，但由于本研究的核心目的是通过分析和回顾俄罗斯的经济发展历程，总结俄罗斯与中国处于大致相同的经济发展阶段的历史经验和教训，提出可供中国当前经济转型阶段借鉴的发展政策和建议，因此我们这里将俄罗斯经济发展历程的回顾聚焦在苏联的快速工业化时期和苏联解体后的发展阶段，这一时期俄罗斯经济发展既取得了历史性的成就，也遭遇了前所未有的巨大挫折，并且开启了长达数十年的经济转型和结构调整阶段，这段经济发展历程展现出极其丰富的内涵，对于发展中国家和转型国家，特别是对于处于相同发展阶段和经济转型的中国极富借鉴意义。

1. 苏联的快速工业化过程

作为苏联主要的继承者，俄罗斯的工业化基础和经济发展道路发端于苏联的工业化和经济现代化。苏联时期的经济现代化起始于20世纪20年代初，新经济政策的顺利推行为经济快速恢复创造了良好的条件，到30年代苏联已经基本完成了工业化进程。为了快速摆脱经济落后的状态，苏联在20年代末放弃了新经济政策，开始全面地推行计划经济，即动员和调集全国一切资源以最快的速度建立重工业。苏联推行的全面计划经济在相当一段时间内成绩卓著，对于恢复国民经济起到显著的作用，经过数个五年计划的推行，经济实力大幅提升。

实际上，苏联国民生活水平在20世纪50年代初至80年代初提升了数倍。苏联经济发展在30—50年代比世界多数发达国家快得多，尤其在40—50年代苏联经济发展的黄金时期，创造了"苏联经济奇迹"。由于加速了现代化进程，苏联到60年代初快速地提高了自己在世界经济中的比重，GDP总额和军事实力跃居世界第二位，成为拥有强大科技体系的超级大国。就国民生活水平的一些指标（饮食卡路里水平、教育文化程度和医疗待遇水平）而论，苏联也达到了与发达国家同等的层次，但在其他许多发展指标上仍然与发达国家存在巨大的差距。

进入20世纪60年代以来，由于计划经济和粗放型发展方式的弊端日益凸显，苏联在经济发展领域的领先地位开始快速下滑，加上僵化的政治体制以及腐败日益蔓延，特别是进入20世纪80年代末90年代初，决定俄罗斯后续发展条件的诸多经济部门如投资、科教、卫生保健、设计等均陷入深重的危机之中，最终苏联在1991年走向了全面的解体。

2. 俄罗斯经济转轨过程的三个阶段

自 1991 年 8 月俄罗斯正式宣布脱离苏联独立，新成立的俄罗斯联邦的经济社会发展总体上经历了三个特征鲜明的发展阶段。

第一阶段从 1992 年年初俄罗斯开始向市场经济过渡为起点，到 90 年代末期经济自由化改革（休克疗法）彻底失败为终点。由于对经济转型过程中可能遇到的大量问题严重低估，俄罗斯经济政策的制定者在脱离国情的情况下，照搬成熟市场经济国家的经济自由化改革方案，开始了全面快速自由化、私有化、紧缩货币政策等一系列激进的改革措施，致使俄罗斯的经济发展和转型在这一时期遭受了重大的挫折，主要体现为以下几个方面：

（1）国民经济发展遭遇连续大幅下挫，改革不仅没有促进俄罗斯经济增长，而且对其生产力造成了严重的破坏作用。按不变价计算的俄罗斯 1998 年国民生产总值相对于 1991 年市场经济改革之前下降了 40% 左右，相对于苏联解体之前的 1989 年下降近 50%，幅度超过了 1933 年世界范围的经济大危机对实体经济的冲击，以至于到 2007 年俄罗斯的国民生产总值才得以恢复到 1989 年苏联解体之前的水平。更为严重的问题是经济的大幅连续下滑也导致了俄罗斯在这一时期的财政危机、金融货币危机、社会政治危机同时出现，直到 1999 年由于宏观经济政策的大幅调整和外部环境的变化，经济才得以避免继续大幅下挫并且取得了较快的增长。

（2）从横向对比来看，经济改革和转型的失败造成俄罗斯总体的综合国力大幅下降，国际地位空前低落。根据世界银行"世界发展指数"的统计数据计算，按 2000 年美元不变价计算，俄罗斯经济改革之前 1991 年的 GDP 大约为 3660 亿美元，相当于美国的 1/19（7.05 万亿美元），相当于中国的约 80%（4870 亿美元），相当于日本的 1/12（4.37 万亿美元），到 1998 年俄罗斯 GDP 只相当于美国的 1/40，中国的 1/5，日本的 1/21。

（3）严重的经济下滑，导致贫困人口激增，收入状况和生活水平恶化，贫富差距不断扩大。错误激进的经济自由化政策，进一步引发了全面的财政危机和金融危机，卢布的大幅贬值和持续的恶性通货膨胀（1992 年通货膨胀率高达 1490%），造成居民实际货币收入和工资水平严重缩水，与 1991 年相比，1998 年的人均 GDP 和居民实际货币收入分别下降了 35% 和 60%。由于企业经营困难和财政危机，大量拖欠工资和退休金，形成了庞大的工资债务，许多人饱受其苦。与此同时，失业人数大幅上升，失业率从 1992 年的 5.2% 持续攀升到了 1998 年的13.3%。更为严重的是，对国有企业推行全面快速的私有化政策，不仅没有达到经济转型的目标和任务，反而快速造就了一批垄断性的寡头私有企业和暴富阶层，贫富两极分化迅速加剧。WDI 的统计数据显示：俄罗斯的基尼系数从 1988 年的 0.238 迅速攀升至 1993 年的 0.484，与其他转型新兴经济体相比，俄罗斯基尼系数高于同一时期的印度（1994 年为 0.305）和中国（1993 年为 0.355），低于巴西（1993 年为0.608），属于居民收入分配严重不平等的国家。

第二阶段从 2000 年普京正式当选俄罗斯总统开始，到 2008 年年末国际金融危机爆发之前，这一时期俄罗斯经济经历了持续的高速发展，在经济社会发展多方面都取得了巨大成绩，综合国力和国际地位逐步恢复。主要体现在以下几个方面：

（1）宏观经济总体表现良好，普京执政 8 年来，由于一系列政策措施的及时调整以及外部环境的显著改善（国际原油价格飙升），俄罗斯的国民生产总值 2008 年比 1999 年增加了 70%，2000—2008 年 GDP实际平均增长率达到 7%，人均 GDP 和人均国民实际收入增加了约 1.9倍，居民实际收入增加超过 50%，同时失业率下降了 50% 以上，是全球增长最快的国家之一。尽管俄罗斯的通货膨胀率相对于很多转型国家一直都处于较高的水平，但从 2000 年开始通货膨胀率也呈现逐步下降的趋势。随着宏观经济总体状况的改善，俄罗斯在这一时期金融和财政危机大幅缓解，宏观经济稳定，金融自主权益得以保证，在国内兴起了消费和投资高潮，大规模在能源、交通运输基础设施、机械制造、住房建筑等领域进行更新改造投资，社会保障也取得较大成就，绝对和相对贫困人口都出现了显著的下降，基尼系数在 2001 年最低降到了0.357，尽管后期又开始逐步上升（2007 年最高达到 0.437），但相对于第一阶段严重的社会两极分化现象已经有所改善。

（2）从横向比较来看，得益于经济持续的高速增长，俄罗斯的综合国力在这一阶段有了大幅的提升。按 2000 年美元不变价计算，俄罗斯与主要发达国家的综合实力尽管仍然存在巨大的差距，但呈现显著缩小的趋势，其 GDP 从 1998 年相当于美国的 1/40 缩小至 2008 年的 1/27，从 1998 年相当于日本的 1/21 缩小至 2008 年的 1/12，与德国、法国、英国的相对差距也大幅缩小。按照购买力平价计算，2008 年俄罗斯的国民生产总值达到了 2.1 万亿美元（2005 年国际美元），超过法国和英国，是美国的 1/6，仅次于美国、中国、日本、印度和德国，位居世界第六。从人均 GDP 比较来看，按照 2000 年美元不变价计算，俄罗斯与美、日、德、法、英等主要发达国家仍然存在巨大的差距，2008年大约相当于这些发达国家人均 GDP 的 1/13—1/7，但却是中国人均 GDP 的 1.5 倍，印度人均 GDP 的 4 倍以上，相当于巴西人均 GDP 的68%。但是，如果按照购买力平价指标计算，俄罗斯的人均 GDP 在2008 年约为 1.48 万美元（2005 年不变价国际美元），比 1998 年增长了一倍以上，已经进入高收入国家行列，相当于美日欧主要发达国家人均 GDP 的 1/4—1/3，远高于其他新兴经济体，其人均 GDP 是巴西的1.5 倍，中国的 2.6 倍，印度的 5.6 倍。

（3）这一时期，俄罗斯的外向型经济也取得较快发展，特别是国际油价从 2000 年后开始持续攀升，通过大量出口原油和原材料收入的增加，俄罗斯一方面大大缓解了财政赤字危机，另一方面也为俄罗斯积累了数额可观的外汇储备。尽管俄罗斯的出口严重依赖于能源和原材料等初级产品的增长，在一定程度上恶化了俄罗斯已经严重的产业结构失衡问题，但在客观上对于俄罗斯摆脱经济社会危机，促进经济持续快速发展起到了重要的推动作用。据统计数据显示：俄罗斯的贸易规模在 2000年以后出现了迅速的增长，货物出口额从 2000 年的 1100 亿美元迅速扩张到 2008 年的 4700 亿美元，货物进口额也随之从 450 亿美元增加到 2700亿美元，年平均增长速度超过了 20%。与此同时，俄罗斯也很快扭转了在经济自由化改革时期大量外国资本连年外逃的局面，外商直接投资也开始大规模进入。从 2000 年外商直接投资净流入不足 30 亿美元，到

2008 年净流入创纪录地攀升到了 750 亿美元。俄罗斯对外贸易快速扩长和外国资本净流入的迅速增加，致使外汇储备到 2007 年最高达到 4700 多亿美元，比 2000 年增加了 14 倍之多。

第三阶段从 2008 年年末国际金融危机爆发到目前为止。由于全球性金融危机的蔓延和国际原油价格大幅下挫，俄罗斯经济发展再一次经历了严峻的考验，同时也表明过去八年多经济高速增长的态势，并没有扭转俄罗斯经济发展长期以来的结构性问题，危机的爆发再一次深刻暴露了俄罗斯产业结构的脆弱性和经济转轨过程的曲折艰难。金融危机爆发以后，俄罗斯经济增长率从 2008 年之前的年均 7% 以上，到 2009 年骤降至 -7.9%。受金融危机蔓延影响的当然不止俄罗斯，但对经济造成如此严重打击的实属少见。与其他金砖国家相比，俄罗斯经济的糟糕程度尤为突出，2009 年中国和印度仍然保持了坚实的增长速度，经济增长率分别达到 9.1% 和 5.2%；而一直与俄罗斯经济总体发展水平最靠近的巴西，其经济增长速度也下降为 -0.2%。即便是和俄罗斯一样经济增长严重依赖原油出口的国家，如沙特阿拉伯、挪威、哈萨克斯坦、阿塞拜疆等，在同一时期的经济表现也远好于俄罗斯。鉴于俄罗斯经济过去经常存在的大起大落和危机期间的糟糕表现，一些学者和国际机构甚至将俄罗斯排除在追赶发展阶段的新兴经济体行列之外。尽管 2008 年年末至 2009 年，俄罗斯经济遭受了金融危机带来的重创，但 2009 年下半年仍然在一定程度上稳住了阵脚，并于 2010 年年初积攒了一定的增长潜力，被认为是又一次复苏。2009 年梅德韦杰夫正式执政以来，俄罗斯 2010—2012 年经济表现逐渐趋稳，但和大多数国家一样，增长速度相比危机之前仍是明显放缓。2011 年，俄罗斯经济总体上已经恢复到 2008 年危机之前的水平。

（二）俄罗斯工业化后期的发展道路和经验教训

我们主要从以下五个方面的发展来考察俄罗斯经济在工业化后期所走过的发展道路。

1. 技术进步和创新能力

俄罗斯继承了苏联庞大的科技遗产，国民平均受教育水平很高，拥有雄厚的科技创新潜力。据世界发展指数的统计数据显示（按照 2004 年的统计口径）：2007 年俄罗斯就业人口当中接受过高等教育的劳动力比例高达 52.5%，不仅远远高于发展中国家，也远高于日本、英国、法国和德国等许多发达国家的水平（比例分别为 40%，31.8%，29.3%，24.1%），仅次于美国（比例为 61.1%），人力资本储备水平位居世界前列。俄罗斯每百万人口拥有的科研人员数量和工程技术人员数量不仅远高于其他几个新兴经济体国家，与多数发达国家相比也毫不逊色。遗憾的是，由于长期受制于体制和政策原因，俄罗斯雄厚的科技生产要素没有得到较好的开发利用，并未转化为现实的创新能力。

首先，由于苏联的研发战略导向和创新思路主要是以军事工业为导向，俄罗斯在继承苏联雄厚的科技要素的同时，并未从根本上摆脱长期依赖物质资本大规模投入、片面追求经济增长速度的粗放型经济发展道路，忽视科技创新对生产效益和质量的提升作用。尽管俄罗斯人力资本储备雄厚，但对研发的投入密度与其他国家相比并不高：俄罗斯 2005 年研发投入占 GDP 的比重高于巴西和印度，但低于中国，与发达国家相比差距更为明显，日本、美国、德国等发达国家对研发的投入密度是俄罗斯的 2—3 倍以上。由于研发资金投入有限并且主要集中在一些军工领域，1998—2008 年，俄罗斯除了军工产品之外的高科技产品出口几乎可以忽略，高科技行业对推动俄罗斯经济增长所发挥的作用也非常有限，2008 年高科技产业占 GDP 的比重仅为 3%。科技创新能力欠缺和高科技产业发展落后不仅不利于俄罗斯经济的长期发展，而且也会对俄罗斯的经济结构调整和经济转型产生制约作用。

其次，尽管俄罗斯历届政府已经认识到提升技术创新能力、转变发展方式对于经济增长的重要性，也采用了许多政策措施促进科技进步和创新能力提升，比如作为国家创新战略的组成部分设立了"技术创新区"，而且，一些经济特区、科学园区等创新载体也相继出现。但俄罗斯现有的创新机制仍然带有苏联的弊病，比如推动创新的核心仍然依赖政府、国有企业和研究机构，总体上参与市场竞争的私有企业的研发水平和创新能力有限；缺乏通过市场竞争推动的企业自发激励机制，研发的市场竞争机制还远未建立；非企业自发的研究创新机制，导致科技开发成果难以直接与科技应用企业对接，不利于科技在不同部门的外溢和扩散。此外，政府对创新企业的过度管制和腐败问题、财政资金紧张导致缺乏强有力的金融支持、科技人才的大量流失、创新研发能力的区域分配不平衡等问题，都在不同程度地阻碍着俄罗斯科技创新能力的提升。

2. 产业结构调整

俄罗斯的产业结构是对苏联畸形产业结构的继承与发展。苏联在优先发展重工业政策的指引下，形成了以重、化工业为支柱的第二产业过于庞大，而农业和服务业相对落后的产业格局。1991 年苏联解体后，俄罗斯产业结构进入了大规模的调整时期，经过 20 多年的调整，俄罗斯的产业结构主要呈现以下特征：一方面，从总的产业结构看，俄罗斯第三产业快速发展，总体的农业、工业和服务业比例结构已经接近发达国家水平，看似比较合理；另一方面，三大产业内部的比例仍然严重不合理，工业重、轻结构仍旧畸形，主导产业仍然是工业化时期形成的基础工业，特别是资源、原材料、能源在工业部门所占比重更加突出，产业结构不仅没有出现明显的升级趋势，甚至还出现了倒退的趋势。

应该肯定的是，苏联解体以来俄罗斯总的产业结构发生了积极的变化，不仅三次产业的关系得到了初步的调整，而且产业结构出现了走向高级化的趋势：从 GDP 的产业构成来看，第一产业的产值比重降幅最大，从苏联解体之前 1989 年的 16.8% 降到了 2010 年的 4.0%；第二产业占 GDP 的比重总体上也呈现稳步下降的趋势，从 1989 年的 50.2% 下降到 2003 年的 32.6%，尽管之后在 36% 左右波动，但与苏联时期相比，工业部门在国民经济中的比重已经大幅下降，从过去的占一半以上到现在的略超 1/3；而第三产业的比重呈现显著提高趋势，从 1989 年的 33.0% 上升至 2009 年的 61.7%，尽管在此期间和之后有不同程度的波动，但服务业在国民经济中占据主导地位（60% 左右）的态势已经确立，该比重已接近发达国家水平（美国为 75%，英国、法国、德国和日本为 60%—70%）。

尽管如此，但俄罗斯各产业内部的结构却越发不合理，不仅没有出现产业升级和高端化的趋势，甚至呈现倒退的态势，主要表现在工业过度依赖能源和原材料加工的趋势不仅没有得到纠正，而且还存在恶化的趋势。从具体的结构分布来看，俄罗斯的电力、燃料、有色及黑色金属和森林、木材等能源和原材料部门占据了工业总产值的半壁江山。统计表明，俄罗斯燃料动力部门，特别是石油开采业的比重自1995年以来一直呈上升的趋势；机械制造和金属加工部门虽然在工业中的比重有所上升，但只占工业总产值的1/5左右，而且目前的产值仍然只恢复到1990年的68%；而原本比重就很小的轻工业进一步下降，到2004年只相当于1990年产值的14%；一些劳动密集型工业，如纺织、缝纫、皮革制靴业与1990年相比的指数都在下降；高加工产业，如化学和石化工业的比重没有明显变化；基础工业部门经济增长速度明显快于加工工业部门。根据世界发展指数的数据，1992—2010年，俄罗斯自然资源租金占GDP比重显著上升，尤其是1992—2000年，出现了大幅上升的趋势，自然资源租金占GDP的比重最高达到2000年的42.5%；之后虽然有所下降，但到2010年仍为20%，仍远远高于90年代初的水平。在第三产业内部，商业、公共餐饮业发展较快，而交通运输业发展相对滞后，在GDP中的比重持续减少。高新技术产业的发展相对落后，在经济总量中的比重太小，且增幅不大。经济转轨以来，俄罗斯第三产业得到了迅速发展，但由于这样的发展是在严重的社会经济危机和经济转轨的条件下进行的，就不可避免地出现一些结构性矛盾，主要表现为：为市场服务的部分快速增长，如贸易服务、金融信贷服务、咨询审计服务等；而对发展后工业社会非常重要的教育、科学、卫生和文化等领域，其服务的比重在不断缩小，从1990年占GDP的11%缩小到2004年的6%。

　　俄罗斯转轨以来的产业调整，对其经济增长具有一定积极意义，尤其是以能源、原材料为主的产业结构在阻止其经济崩溃和促进经济回升方面起了重要作用，但也对其现在与未来的经济增长形成了严重制约。首先，它使俄罗斯在相当长时间内失去了结构优化带来的促进经济增长的效应。持续、快速的经济增长是以产业结构的不断优化为基础的，这可以从资源的高效率配置和形成协调的产业关系两方面得到解释。但俄罗斯目前经济增长很难从这两方面获得推动力。同时，依靠燃料、能源工业支持的经济增长具有脆弱性，能源、燃料等产业极易受到国际市场剧烈波动的影响，是典型的易于"大起大落"的产业。其次，增加了俄罗斯未来产业结构变革的难度。在现有结构下，各产业间的良性循环并没有建立起来，薄弱的轻工业、农业不能为重工业的进一步发展拓展空间，而后者在失去前者的支持的同时，亦不能推动前者的发展。再次，能源、原材料行业的高额利润，吸引了大量资金和技术，如2000年和2001年，在工业投资中，石油开采一个部门就占了33%，冶金、天然气和电力部门分别占13%、11%和10%。当这些产业部门挤占大量经济资源，其他产业部门的发展必然受到抑制，其中包括教育、科学、高科技等产业，这不仅将影响俄罗斯经济增长效率的提高，也将不利于其产业结构的加速转变。最后，处于国际分工的低层次地位。在经济全球化的背景下，俄罗斯必须面对的问题除了体制转轨外，还有如何融入全球经济中来，在新的国际分工格局中抢占制高点。产业结构的低度化、低层次化，决定了俄罗斯主要以垂直型方式参与国际分工。这使得俄罗斯主要是在世界的初级制成品市场上，与许多不太发达的国家一起在世界市场的边缘地带分享有限的好处和利益。这不仅与当前世界经济发展的水平及趋势不相适应，而且也降低了俄罗斯利用国际市场发展本国经济的可能性。

3. 收入分配与收入差距

收入分配是社会再生产的重要环节，是一国宏观经济政策的重要组成部分，其核心是解决经济发展中的效率与公平问题。俄罗斯对社会公平的广泛关注和理论研究始于20世纪90年代初，由于经济和社会的巨大转型致使俄罗斯的贫困和收入分配问题也十分尖锐。俄罗斯转型20多年来，由于经济发展状况好转，俄罗斯居民收入增加较快，俄罗斯在消除贫困和缩小收入差距方面也做了许多努力，取得了一定的效果。然而，俄罗斯的贫困和收入分配不公的问题依然尖锐，已成为俄罗斯社会最难解决又必须要解决的重要问题。

1992年到2011年的20年间，俄罗斯居民实际工资先降后升：在1999年之前，除了1997年增长5%之外，其他年份均为下降；2000年到2011年，除2008年下降3%之外，其他年份均为增长，其中

2010 年增长 5%。退休者实际退休金在 1992—1999 年呈现持续下降的趋势,此后持续增长,其中 2009 年增长 11%,2010 年增长 35%。实际最低工资在 1992—1999 年呈现基本下降的趋势,此后同样呈现为基本增长的态势,其中 2009 年增长高达 68.6%,2010 年下降 6.4%,2011 年下降 4.8%。俄罗斯实际工资、退休金和最低工资变化趋势大致同经济增长变化趋势保持一致。

一般而言,判断国民收入初次分配是否公平的主要标准是分配率,即劳动报酬总额占 GDP 的比重。分配率越高,初次分配越公平。发达国家的国民收入初次分配率大多在 60% 左右,其中美国高达 70%。1991—2011 年,俄罗斯国民收入初次分配率从 34.9% 上升到 35.7%,2009 年最高为 37.9%,2000 年最低为 29.1%,其他年份均在 31%—35%;2011 年比经济转轨之前(1991 年)仅高出 0.8%,即使加上隐性报酬部分,分配率也没有达到市场经济成熟国家的标准(最高的 2009 年也仅为 52.6%)。劳动报酬在国民收入初次分配中占比过低,表明劳动者的经济地位相对下降,导致消费与投资的比例失调,不利于经济与社会的发展。

在收入差距方面,苏联时期基尼系数一般维持在 0.25 左右。经济转轨以来,俄罗斯的基尼系数从 1992 年的 0.26 上升至 2011 年的 0.416,收入差距比较明显,已突破了国际收入差距的警戒线。从五等份法计算的收入差别系数来看,苏联时期收入差距呈现下降的趋势,1970 年为 4.7 倍,1991 年下降为 2.6 倍。经济转轨以来,俄罗斯居民收入差距不断扩大,收入差别系数从 1991 年的 2.6 倍上升至 2011 年的 9.1 倍。从十等份法计算的收入差别系数来看,苏联时期居民最高收入组和最低收入组之间的收入差距不断缩小,一般在 2—5 倍之间,而 1991 年以后该差距急剧扩大,1992 年为 8 倍,2011 年上升至 16.1 倍。这一比值超过俄罗斯国家经济安全警戒线(不超过 8 倍),也大大超过了国际公认的 10 倍安全警戒线。

俄罗斯的贫富分化比较集中地表现在地区之间、城乡之间、不同经济部门之间贫富差距的扩大。贫困地区就业人员的收入比富裕地区就业人员的收入低 1/3;贫困地区领取抚恤金的居民比富裕地区的多

30%。不同经济部门之间的收入差距也持续拉大，特别是石油等能源部门、金融部门的职工收入远远高于其他部门的职工收入。公职人员的工资水平相对较低，一般公务员月工资收入只有几百美元，与私营部门职工平均收入水平相比差距达到几倍到十几倍。在俄罗斯制度变迁的过程中，许多富人靠收购国有企业起家，他们以低价购进高价倒出，以此大发横财，而且在最近几年石油和天然气价格不断飞涨的市场背景中，他们也获得了财富再次增长的机会。

从苏联到俄罗斯经济转轨期间，收入差距持续扩大的主要原因有以下几个方面的因素：

（1）俄罗斯走的是一条激进式转型的道路。通过采取萨克斯等提倡的所谓"休克疗法"，迅速实现经济和社会的全方位转型。其中最重要的步骤也是核心措施之一就是实行迅速的私有化。私有化后，原来"软预算约束"下的大部分企业都将直接面临来自市场的竞争压力，为了生存和有效率，企业必须使自己的成本最小化，采取措施刺激工人的积极性，采取工资差别的政策也就理所当然了，这一政策的直接结果就是导致工人收入上的两极分化。对这一现象的判断不能绝对化，控制在合理范围内的收入差别对经济增长是有利的。这是所有转型国家都必须面对的，是引入市场机制的必然结果。

（2）软预算约束的新形式使收入差距进一步扩大。虽然市场化后软预算约束应该不起作用而应代之以硬预算约束，但实际情况是，在俄罗斯转型过程中，还有相当一部分企业没有硬化预算约束，转型期间的软预算约束现象甚至比计划经济下的软预算约束对经济影响更坏，因为计划经济下还有行政管制来约束经理的败德行为。在激进转轨的情况下，市场经济还不能马上形成一套有效的监督机制，使得委托代理问题更加严重。

（3）俄罗斯收入分配差距的扩大同俄罗斯垄断势力的急剧扩大有关。俄罗斯转型以来的一个突出特征就是造就了一大批暴富阶层。这些暴富阶层与垄断势力是密不可分的，他们极力谋求政治利益，一度形成政治上的寡头干预状况，虽然普京上台极力打击这种情况，但正如别列佐夫斯基所说，"俄罗斯摆脱寡头政治是不可能的"。暴富阶层是在私有化时通过各种貌似合法的方式攫取国家资产而产生的。首先，暴富阶层的存在本身就导致了收入差别的急剧扩大；其次，他们掌握的垄断企业通过谋求有利的倾斜政策等手段获取大量利润，其工作人员收入大大高于普通行业，这种收入差别是在不公平条件下实现的，对社会发展尤其不利。

（4）政府的一些行为导致收入差距进一步扩大。掌握垄断企业的利益集团正是通过各种方式获取政府政策上的支持才能实现自己的利益，政府政策上的漏洞和寻租行为助长了垄断势力的成长。政府的转移支付既可以协调区域发展不平衡问题，也可以直接调节个人收入差距。与收税相反，转移支付增加了个人可支配收入，只不过其目标是有选择的群体，是一种收入的"再分配"。俄罗斯的社会保障体制还很不完善，没有完善的社会保障体制，收入分配差距扩大的状况就难以得到改善。另外，俄罗斯虽然也实行累进收入税，但政府的监管职能执行不力，导致这项改善贫富差距的职能也降低了效果，间接使收入差距扩大。

（5）经济发展导致的正常范围内的收入差别扩大。根据库兹涅茨等学者的研究，在收入差别与经济发展水平之间存在"倒U"形关系。根据这一假说，在经济发展的最初阶段，收入分配差距扩大可能存在合理性。但这一理论只是一个假说，不同的学者对这个假说能否成立都有不同的看法。

4. 城市化发展状况

1900 年，俄罗斯仍然是一个农业国家，仅有 15% 的人口居住在城市里，西方国家当时城市化水平是俄罗斯的 2.5 倍。20 年之后，俄罗斯经过了第一次世界大战的洗礼，人员损失比较大，但这种比率依然保持不变。在这之后的时间里，随着苏联工业化的大规模开展，俄罗斯的城市化进程快速发展。到 1980 年时，苏联城市化的水平已经接近发达国家，比起广大第三世界国家的城市化水平要高出很多。按照城市人口占全部人口的比重来衡量，俄罗斯的城市化水平目前已经接近发达国家水平，世界发展指数的统计数据显示，俄罗斯城市人口的比重从 1960 年的 53.7% 上升到 2012 年的 74%（2012 年，美国城市人口比例为 82.6%；日本为 91.7%；德国为 74%；英国为 76.8%；法国为 86.3%）。

提到俄罗斯的城市化发展过程，就有必要指出苏联对俄罗斯城市化水平的影响，众所周知，苏联在城市化方面取得了令人瞩目的成绩。在目前俄罗斯 1000 多个城市里，有 600 多个是在 1917 年以后建立的。1926—1939 年是苏联实行强制工业化和集体化的阶段，在此期间，城市得到了极大的发展。大城市得到了快速的发展，小城市的发展速度最慢，表明苏联从早期的城市化阶段逐渐向极化阶段过渡，这一过程一直持续到 1940 年以前。第二次世界大战中断了苏联城市化发展的进程。在后来的 20 世纪 50 年代，随着经济的快速恢复，苏联又重新开始城市化的正常发展进程，直到 60、70 年代才慢慢恢复到战前水平，增速也开始逐渐减缓。进入 80 年代以后，苏联城市化的发展速度并不快，这一方面表明城市化在达到一定程度以后其发展速度必然会减缓；但另一方面，苏联过于重视城市工业尤其是重工业的发展，而轻视对第二、三产业的扶持与发展，明显束缚了苏联城市化的进一步发展，虽然其城市化水平较高，但城市生活质量与西方发达国家相比尚有一定的差距。这一阶段一直持续到苏联解体之前，其间城市化水平上升并维持在 73% 左右。

自 1992 年以来，无论俄罗斯的农村还是城市，人口都经历着负增长的过程，城市人口的下降速度更快。其次，在 1991—1992 年城市危机期间，食品短缺和物价飞涨引起了短期内城市人口的大量迁出。而农村地区则吸收了大量来自其他原加盟共和国的俄罗斯人，俄罗斯东部和北部城市的一些居民也纷纷迁往俄罗斯传统地区的农村。第三个导致城市人口下降的特定因素是行政管理的再分化：成百上千半城市化的小镇要求返回农村的身份，因为这样可使居民负担较低的水电、公共交通等费用，而且还可以拥有大块私人土地。这些因素共同导致了农村地区人口的增长和半城市化地区人口总量的下降。大城市同样经历了人口减少的过程。

在经济转轨之前，俄罗斯农村人口长期处于净迁出状态。在经典的城市化理论中，农村向城市的迁移从来都是主要的流向，一般只有在战争时期才有可能发生反向流动。但发生在俄罗斯90年代的情况却有所不同，俄罗斯首次在和平时期发生城市居民向农村迁移。不过随着俄罗斯经济的逐渐恢复，这种过程也只经历了很短的时间，农村向城市的迁移再次成为主流，并且来自原加盟共和国的移民也从起初的农村居住地转向城市。

在苏联解体之前，俄罗斯慢慢过渡到城市化的早期成熟阶段，农村的净迁出率由很高慢慢过渡到迁出很少；大中城市一开始迁入率很高，达到一定程度之后也开始缓慢下降。20世纪90年代早期的经济衰退使所有城市的发展历程倒退回早期城市发展阶段。如前所述，1992—1994年，乡村和小城市成为热衷的迁入地，吸引了大量大城市和原加盟共和国的俄罗斯人迁入。从其他加盟共和国来的移民往往首先被安置在乡村和小城市，并强迫他们将那里作为他们的目的地。但是调查显示，这些外来的定居者在乡村和小城镇里生活得并不如意，他们中的许多人要求离开。

综上所述，俄罗斯在20世纪90年代早期以来城市化发展停滞不前，城市化水平一度下降到一些发达的发展中国家水平。而持续的经济衰退和社会动乱使得俄罗斯城市人口的死亡率大幅上升，年轻夫妇不愿意生育子女，由此又引发了人口负增长和老龄化问题，而这些问题同样也出现在西方发达国家。但是俄罗斯近些年出现的逆城市化现象并非西方国家所经历的逆城市化阶段，相反俄罗斯良好的城市化进程被延续十几年的动荡所打乱，只在近年随着经济的复苏得到了一定的恢复，要想达到西方发达国家城市化水平的成熟阶段尚需时日。

5. 俄罗斯的对外开放状况

1949—1991年的42年间，苏联的对外经济贸易关系一直在"经互会"框架内进行。在"经互会"框架内，各成员国之间的贸易根据"经互会"会议确定的"五年协定"有计划地进行。成员国之间的年度贸易以实现"五年协定"为目标，按双边达成的贸易备忘录安排。成员国相互贸易的价格以"转账卢布"计算。这种价格与世界市场价格有极大差异，在部分类别的商品贸易中，价格差异相当突出。例如能源产品的价格，在"经互会"成员国的能源产品贸易中，价格是根据世界市场五年内的价格，通过移动平均方法计算，然后按套算汇率将其折算成"转账卢布"。从总体上讲，"经互会"的能源产品价格较世界市场价格低得多，而制成品价格一般又高于世界市场价格。由于苏联向其他"经互会"成员国出口的主要是石油和原材料产品，而进口的主要是制成品，因此其贸易条件处于不利地位，从某种意义上讲，这种不利的贸易条件是苏联向其他"经互会"成员国的一种"援助"或补贴。

1991年，"经互会"解散，俄罗斯的对外贸易环境发生了深刻变化，俄罗斯同其他独联体国家和其他前"经互会"成员国之间的贸易，在贸易价格上逐步同世界市场价格接轨，在支付、结算方式上改由硬通货进行。

（1）对外贸易。1991年苏联解体，俄罗斯开始了全面的经济体制转轨，对外贸易的发展主要经历了三个主要阶段：

第一阶段为1991—1992年，1992年俄罗斯开始实行激进的经济转轨，生产大幅度下降，通货膨胀严重，对外贸易锐减，按不变价格计算，1991年和1992年外贸总额与上年同比分别减少了30%和28.7%。进出口额的锐减是国内经济危机的重要信号，是经济转轨后国有外贸机构失灵而私营外贸机构尚未得到发育的必然结果。1991年11月15日，俄罗斯通过了《俄罗斯对外经济活动自由化法令》，这也标志着俄罗斯废除了贸易垄断体制，开始了新外贸自由化改革。俄罗斯在对外贸易自由化道路上采取的重大步骤，为参加对外贸易活动的企业之间开展公平竞争创造了平等条件，从而成为对外贸易活动得以正常发展的重要因素之一，同时对推动俄罗斯经济发展起到了一定的作用。

第二阶段是1993—1999年，从1993年开始，俄罗斯生产的降幅减小，通货膨胀速度减缓，一些适应市场经济的部门开始形成并发展起来。到1997年，经济止跌趋升，国内生产总值首次出现增长，商业部门比较活跃，金融市场比较稳定。按不变价格计算，1994年对外贸易总额比上年增长9.5%，这一时期贸易尽管都有较快增长，但直到1999年，对外贸易总额都没有恢复到经济转轨之前的水平，特别是进口的波动幅度较大，1999年的俄罗斯进口额降到转轨以来的最低水平，只有 541 亿美元，相比 1991 年下降幅度超过 85%。

第三阶段是 2000 年以来，由于普京执政以来一系列政策的顺利推行，俄罗斯对外贸易进入了快速发展时期：按不变价格计算，俄罗斯出口除了受 2008 年金融危机影响之外，总体上保持了快速增长的趋势，从 2000 年的 1745 亿美元上升到了 2012 年的 3249 亿美元，年平均增长率达 5.8%；进口总额由 2000 年的 716 亿美元上升到 2012 年的 3364 亿美元，年平均增长 15.1%；在 2011 年之前俄罗斯一直保持贸易顺差状态，其中 2002—2005 年的平均顺差都超过了 1000 亿美元，但是到 2012 年俄罗斯的进口总额第一次超过了出口总额，首次出现 110 亿美元的逆差，进口增长速度显著高于出口。

（2）FDI。俄罗斯利用外商直接投资变化状况同样呈现两个明显的阶段，在 2003 年之前，俄罗斯外商直接投资净流入呈现规模小且波动较大的特征，1992 年到 2003 年，俄罗斯历年净流入的 FDI 均不超过 100 亿美元，2003 年最高达到 79 亿美元，1993 年最低只有 6.9 亿美元。从 2004 年开始，俄罗斯利用外商直接投资状况有了显著的改善，2004 年 FDI 净流入首次突破 100 亿美元，达到 154 亿美元，2008 年最高达到了 748 亿美元，受金融危机的影响，俄罗斯外资流入水平 2009 年又出现了大幅的下降，2009 年 FDI 净流入 366 亿美元，同比下降幅度超过 100%，之后 FDI 流入状况又开始逐步回升，2011 年 FDI 净流入为 551 亿美元，创近年来的新高。

总体来看，俄罗斯利用外资在国民经济中所占的比重较小，其规模与多数新兴经济体相比较为落后，而且呈现明显的大起大落状况，这与俄罗斯长期恶劣的商业环境存在密切关系，按照世界银行"做生意难度"的排名统计，2012 年俄罗斯在全球 185 个国家中排名 112 位，属于最难做生意的国家行列（中国排名 91 位），造成这种现状的主要原因在于俄罗斯政府对市场存在严格的管制，不仅严格控制资源开采、银行、电信、烟草等高利润垄断行业，而且对于与这些产业关联的下游产业也进行严格的管制，外国投资者进入壁垒很高。政府对价格的过度管制并且排斥外国投资者进入垄断高利润行业，并且对国有企业的过度保护和盲目支持，限制了俄罗斯企业通过技术创新参与市场竞争的激励机制，扭曲了资源配置效率，导致大量的社会资源浪费和损失。

由于在俄罗斯开办企业存在获取进入许可困难、对于投资者利益保护不力、难以进行跨境贸易结算、享受税收优惠措施困难等问题，不同程度地恶化了俄罗斯的商业环境，企业管理者需要投入大量的精力与政府部门进行沟通和协商，造成俄罗斯的大量中小企业生存困难，商业活动不够频繁也在很大程度上限制了俄罗斯经济竞争力的提升。

（3）贸易结构。对外开放的水平，不仅仅体现在对外贸易和外资利用状况，更多地体现为一国的贸易结构和竞争力状况。贸易结构是生产结构的体现，这一点对俄罗斯同样不例外。统计数据显示，俄罗斯的工业制成品出口比重不仅没有上升的趋势，反而出现了逐步下降的态势，制成品出口的比重在 2005 年已经下降到不足 20%，其中制成品出口中高科技产品占了大约 50%，而高科技产品的出口主要是军工产品，信息科技产品占全部出口产品的比重不足 0.5%；与此同时，燃料、矿物和金属初级产品的出口比重占据绝对的优势，其中燃料出口比重在 2009 年最高达到 66.7%，初级产品总出口比重超过 70%。

与出口结构特征相反，俄罗斯制成品进口比重从 1996 年的 45.3%持续攀升到 2011 年的 80.5%，俄罗斯对信息科技产品、食品进口的比重也远高于出口产品相应的比重份额，而初级产品进口的比重总体上不超过 5%。

与其他新兴市场国家横向比较，俄罗斯的出口结构具有显著的资源密集型特征，不仅没有转变的趋势，而且具有不断强化的趋势，与俄罗斯同属于资源禀赋充沛的巴西，矿产资源初级产品出口的比重 2011 年最高达到 19.3%，制成品的出口比重 1980—2011 年平均达到 40%以上，2001 年最高超过 58%；而印度在 1990—2011 年制成品出口平均比重超过 70%，燃料进口的比重超过 30%；与中国的贸易结构变化趋势对比更加明显，中国制成品出口比重从 1984 年的 47.6%逐步上升到 2011 年的 93.3%，其中 2000 年以后高科技产品出口平均比重超过 25%，高科技产品出口中信息科技产品的出口比重超过了 95%以上，而同时中国燃料和矿石的进口比重从 1984 年约为 6%上升到 2011 年超过 31%。

俄罗斯经济发展长期依赖自然资源和初级产品出口的缺陷是多方面的。首先，世界市场能源和原材料价格的频繁波动会对其经济造成显著的负面冲击，对经济的平稳持续发展造成严重干扰，经济增长大起大落付出的代价是巨大的；其次，自然资源和低附加值的初级产品，普遍具有需求弹性较小的特点，大规模的持续出口容易造成贸易条件恶化，陷入贫困化增长的陷阱，即随着初级产品出口规模的不断扩张，出口的收入不仅没有相应地得到改善还存在恶化的趋势，造成经济陷入低水平的重复，并且由于缺乏创新和竞争等推动经济增长的持续动力，而致使经济增长变得难以持续；最后，更为严重的是，经济增长严重依赖能源出口会造成其他工业部门生产要素向能源部门转移，引发其他工业部门产出供给减少，进而引发实际汇率不断升值，造成工业部门进口大量增加，进一步打击本国非能源工业部门的发展，加剧产业结构和比例失衡的趋势，引发经济发展过程中所谓的"荷兰病"。

（三）俄罗斯发展道路对中国的启示

苏联和俄罗斯过去数十年来经济发展的历程和经验教训，呈现出丰富的内涵，对于正处于经济转型关键时期的中国经济具有特别重要的借鉴意义，尤其是因为长期以来中国的经济发展道路严重受苏联的影响，带有明显的粗放式发展特征，基于对苏联和俄罗斯发展经验的分析，我们认为中国未来的经济发展和转型的重点需要在以下几个方面有所突破：

1. 促进科技进步，提升科技创新能力

尽管苏联和俄罗斯也非常重视教育和科研的投入，并且国民受教育水平也很高，具有丰富的人力资本要素和雄厚的科研基础，但由于长期受制于体制障碍，科研和技术创新的驱动力主要来自政府推动，且科研和技术创新主要围绕军工部门，忽视市场的作用，不注重加强技术和创新能力来提升经济发展的质量，产业结构过度依赖资源和能源部门，产业竞争力长期得不到提升，俄罗斯已经为此付出了巨大的经济发展代价。

与俄罗斯相比，中国的经济发展道路长期以来同样具有过度注重数量的扩张忽视质量提升的问题，中国在基础科学和全民受教育水平方面不仅与发达国家存在较大差距，而且长期落后于俄罗斯。随着中国经济的高速增长，近年来中国的科研投入和高等教育得到了快速发展，科研投入的相对比例和接受高等教育的绝对人口数量与发达国家的差距大大缩小，但仍然存在科研投入产出效率较低、总体质量有待提高、高等教育脱离市场需求，职业教育发展滞后的问题。从科研管理体制和激励机制来看，中国的科研管理体制与苏联和俄罗斯并没有实质性的区别，政府仍然是科学研究和技术创新的主要驱动力，而基于市场竞争的驱动，企业自发进行科技开发和创新活动的数量仍然很有限。

因此，我国的科研和创新激励机制，需要积极吸取发达国家的先进经验，建立科学的管理、考核、监督方法，以提高科学研究质量为核心，杜绝高等学校和科研院所行政化的管理方式方法，坚决摒弃科研管理和考核中存在的短视化和重数量轻质量的泛滥倾向，为广大科研人员提供合理、宽松、有序竞争的科研环境；同时也需要为企业，特别是市场竞争意识较强的中小型民营企业提供良好的创新环境，激励企业通过技术创新参与国际市场竞争，减少政府部门对企业活动的过度干预。

2. 大力发展现代服务业，优化产业结构，促进产业升级，提升产业竞争力

服务业占国民经济的比重逐步上升，农业和工业部门相应比重的下降是经济走向现代化和高端化的一般性规律。尽管许多新兴经济体（包括俄罗斯和中国）的经济发展，总体上都呈现了上述特征，但仍然存在两个突出的问题：

一是从总体上看，服务业占国民经济的比重与高收入国家相比仍然偏低，同时工业部门占国民经济的比重长期居高不下，特别是进入中等收入阶段后，服务业在国民经济中比重的提升缓慢。由于能源工业部门的快速扩张，俄罗斯近年来还出现了再度工业化的逆经济规律发展的倾向，不仅服务业得不到发展，制造业部门的发展空间也面临被挤压。

二是服务业发展的内部结构不合理：传统的旅游、餐饮住宿、工程

承包、运输等以劳动和资本密集为特征的服务业，占据主要的比重，而以知识技术密集为特征的信息、金融、保险、咨询、法律服务、科技服务等现代服务业部门，发展较为滞后。

现代服务业具有高人力资本含量、高技术含量和高附加值等特点，现代服务业的快速发展不仅会直接带动整个产业结构的合理化，优化产业结构，而且由于紧密的产业关联效应，现代服务业对于制造业有显著的带动和改造作用。从全球范围的产业发展趋势来看，制造业的服务化和信息化趋势越来越明显，只有以完善的现代服务业作为支撑，以现代服务业改造传统制造业，才能提升制造业的核心竞争力，促进整体产业竞争力的增强。

促进现代服务业发展，通过现代服务业的发展促进产业结构优化，提升产业竞争力，需要做好以下几方面工作：

一是抓住当前国际产业转移契机，大力发展服务贸易。把承接国际服务外包作为扩大服务贸易的重点，充分发挥我国人力资源丰富的优势，鼓励中国企业积极承接信息管理、数据处理、财会核算、技术研发、工业设计等国际服务外包业务。国家有关部门建立支持国内企业"走出去"的服务平台，提供市场调研、法律咨询、信息金融和管理等服务，并将电子商务服务业列入国家战略性新兴产业。

二是加大金融机构贷款力度，提高新兴服务业的贷款比重，解决新兴服务企业因缺少资产抵押物难以获得贷款等问题。建立政府引导的、主要依靠市场的现代服务业投资机制，允许符合条件的现代服务业企业进入资本市场融资。

三是制定发展规划，实施现代服务业品牌战略，针对服务业区域、重点服务行业、重点服务企业，制定服务品牌的发展规划，明确培育重点，提高企业参与意识，加快品牌培育步伐。

四是打破行业垄断，清除民间资本进入服务市场的障碍，为企业营造公平竞争环境，促进非公有制经济发展。加快单位改制和后勤社会化步伐，加大金融、保险、电信、供电、供水、旅游等行业对内资开放力度。大幅降低宽带、长途光纤、互联网数据中心等使用资费，为现代服务业的发展减轻负担。

五是加快中小企业集聚区的生产性服务业建设，为中小企业提供设计、研发、质量检验检测、专利检索申报、管理培训等服务。

3. 缩小三大收入差距，营造良好稳定的发展环境

俄罗斯在苏联解体之后收入差距出现了急剧扩大的时期，利益集团通过快速私有化侵吞国有资产，垄断国家能源和资源性部门，导致了社会各阶层的分化和对立，引发了严重的社会矛盾。也正是由于利益集团的长期把持，才导致俄罗斯经济结构调整往往难以推进，产业结构长期畸形发展，经济大起大落，致使俄罗斯在探索实现现代化的道路过程中屡受挫折。

与苏联工业化时期和俄罗斯20多年的发展历程相比，中国同样也面临改革开放以来收入差距持续扩大的问题，并且与俄罗斯相比，中国的收入差距问题似乎更为严重，按照国家统计局和一些学者抽样调查的数据计算的结果，中国的基尼系数已经逼近或者超过了0.5，远高于世界银行收入分配的警戒线水平。同时，与俄罗斯相比，中国的收入差距问题更为复杂，中国除了需要解决居民的收入差距之外，同时还存在城乡和地区收入差距持续扩大的问题，经济发展不平衡的问题相对于俄罗斯要更为突出。虽然中国人均国民收入2011年已经突破5000美元，但收入差距仍然没有缩小的趋势，收入差距的持续扩大已经成为目前中国经济发展领域最为棘手的问题，如果不能顺利解决收入差距持续扩大的问题，不仅经济增长难以为继，而且会激化社会各阶层矛盾，破坏和谐的经济发展环境。未来十年，如果不能顺利解决和缓解收入差距扩大的问题，中国同样有很大的可能进入"中等收入"陷阱，重蹈拉美国家经济发展的覆辙。

收入差距持续扩大已经成为威胁中国经济长期发展极为严重的问题，必须下决心尽快解决。缩小居民、城乡、地区三大收入差距，按照长期研究中国收入差距问题的学者蔡昉的观点：导致中国收入分配状况继续恶化的主导因素，是资产性和财产性收入的严重不均等。解决收入不公问题，应从增量、存量和收入流三个角度着手。一是解决增量角度形成的不公问题，应着眼于在土地、矿产资源的开发过程中，真正做到以法律为依据，通过规范的程序，从制度上杜绝权力的介入。二是

解决已经不合理的个人或集团资产的存量，应着眼于利用税收手段，调节过高收入。为此，旨在调节收入分配的遗产税和房产税等税种应尽快出台。同时，鼓励和推动企业职工持股，也具有一定的资产占有均等化的效果。三是解决由资源不平等占有形成的收入流问题，应着眼于利用法律手段调节。

同时，还应在以下方面推行具有长期效果的制度建设。首先，工资性收入差距的实质性缩小有赖于包括劳动法规在内的一系列劳动力市场制度，如最低工资、工会、工资集体谈判等制度的建设与完善。其次，改善收入分配政策应有实质性的调整，即在继续实施推动结果平等的各项政策的同时，更多地转向消除既得利益集团对收入分配政策的影响，使资源分配、占有和使用摆脱权力的干扰，实现机会平等。这要求改革政府的决策机制，使之更加民主、公正和透明。再次，更加包容和均等化的教育发展，是缩小收入差距、防止贫困代际传递的根本办法。最后，政府改善收入分配的努力，要着眼于在经济增长与再分配政策之间形成恰当的平衡。同时防止政策的随意性，避免伤害劳动就业、合理消费、资本积累和投资积极性。

4. 大力推进城镇化进程，以城镇化促进工业化、农业现代化

苏联在工业化早期就基本完成了城市化过程，俄罗斯的城市化水平远高于中国。中国的城镇化发展水平和质量不高，与目前的发展阶段不相适应，城镇化水平不能对中国的工业化、农业现代化和信息化提供有效的辅助和支撑作用，主要表现为五个方面：

一是大量农业转移人口难以融入城市社会，市民化进程滞后。被纳入城镇人口统计的2亿多农民工及其随迁家属，未能在教育、就业、医疗、养老、保障性住房等方面平等享受城镇居民的基本公共服务，城镇内部出现新的二元结构矛盾，制约了城镇化对扩大内需和结构升级的推动作用，也存在社会风险隐患。

二是土地城镇化快于人口城镇化，城镇用地粗放低效。一些城市"摊大饼"式扩张，脱离实际建设宽马路、大广场，新城新区、开发区和工业园区，占地过多，建成区人口密度偏低，耕地减少过多过快。这不仅浪费了大量稀缺的土地资源，也威胁到国家粮食安全。

三是城镇空间分布与资源环境承载能力不匹配，城镇规模结构不合理。东部一些城镇密集地区资源环境约束加剧，中西部资源环境承载能力较强地区的城镇化潜力有待挖掘。城市群布局不尽合理，城市群内部分工协作不够、集群效率不高；部分特大城市主城区人口压力偏大，与综合承载能力之间的矛盾加剧；中小城市集聚产业和人口功能不足，潜力没有得到充分发挥；小城镇数量多、规模小、服务功能弱。城镇空间分布和规模结构不合理，增加了经济社会和生态环境成本。

四是"城市病"问题日益突出，城市服务管理水平不高。一些城市空间无序开发、人口过度集聚，重经济发展、轻环境保护，重城市建设、轻管理服务，交通拥堵问题严重，食品药品等公共安全事件频发，大气、水、土壤等环境污染加剧，城市管理运行效率不高，公共服务供给能力不足，城中村和城乡结合部等外来人口聚集区人居环境较差。

五是体制机制不健全，阻碍了城镇化健康发展。现行户籍管理、土地管理、社会保障、财税金融、行政管理等制度，在一定程度上固化了已经形成的城乡利益失衡格局，制约了农业转移人口市民化和城乡发展一体化。

加快中国的城镇化进程，核心是人的城镇化。首先，需要建设更加公平的制度。推进城镇化建设，公平制度建设首先涉及户籍制度改革和保证公平就业机会制度的建立。同时，城镇的管理制度也要更加民主化。要尽可能让城镇的有关决策多一些协商化和公开化，要让更多城镇居民有参政议政和争取权利的机会。其次，以现代农业为主动力推进我国城镇化进程。产业是城镇的经济动力，没有产业，城镇化就是空壳化。在我国，应以建设现代农业产业为主动力推动我国城镇化建设，也就是说，我国未来的城镇类型，应以现代农业型城镇为主。

一是我国的城镇化不能走发达国家或者俄罗斯的老路，因为二者的历史起点不同。西方发达国家城镇化的起点是技术革命与工业革命，是基本与工业化并行的产物，是工业化推动城镇化，城镇化又进一步推动工业化。而我国的城镇化，并不具备与发达国家相同的历史起点，所以，我国的城镇化建设，需要走出自己的道路。

二是我国的城镇化也不能走一些发展中国家失败的路子。我国的城镇化需要吸取发展中国家城镇化失败的教训，需要在城乡协调、工业和农业协调中推进城镇化。一些发展中国家，如一些拉美国家，之所以会产生过度城市化，就是因为农业发展与城市化之间没有形成良性互动和良性循环，没有积极推动农业现代化，片面地将工业化等同于现代化，在农业生产力没有得到提高的情况下，盲目推进工业化，导致城市人口爆炸，粮食供应不足，城市贫困加剧，国内购买力难以提升。事实证明，在农业相对停滞的基础上加速进行的拉美国家城市化，不仅使农村在发展中日益贫困，而且导致了城市的贫困和危机，使城市化走入歧途。

三是我国的城镇化需要符合我国的国情。我国是一个人口大国，需要实现发展与稳定的有机统一。如何实现发展与稳定的有机统一，建设现代农业是关键。建设现代农业，可以有效保障粮食的供给，这是国家稳定的重要基础。同时，有了现代农业，工业化的发展也就有了雄厚的基础。从需求方面看，现代农业建设可为工业化提供更广阔的市场需求空间；从供给方面看，现代农业可为工业化提供更稳定的原料供给渠道和更低廉的成本供给。

5. 全面提高对外开放水平

从俄罗斯的对外开放的发展历程来看，主要有两大特点：一是对外贸易波动较大，而且进出口结构单一，主要以能源、资源和军工产品为主；二是投资和商业环境较差，俄对外资进入管制较为严重，外商直接投资规模总体上较小。俄罗斯对外开放具有显著的粗放型特征，对外开放并没有显著地促进俄罗斯产业结构调整和经济转型，相反，正是长期依赖能源和资源产品出口，导致了俄罗斯制造业严重萎缩，同时，国际能源和基础资源产品价格的波动直接导致俄罗斯经济大起大落。

与俄罗斯相比，中国的对外开放水平总体上要高很多，特别是过去30多年来，中国对外开放对于促进国内技术进步、提升产业竞争力和产业结构优化、促进工业化、城镇化进程加速等诸多方面，都发挥了极为重要的积极作用，取得了巨大的成就。

但不能回避的是，中国对外开放水平仍然有巨大的提升空间，需要改变对外贸易和吸引外资"重量轻质"的问题，提高对外贸易和吸引外资的效应和质量，同时，鼓励中国企业走向海外市场，提高中国产品和企业的国际竞争力，从主要依靠劳动力成本优势转变到依靠核心技术、品牌来参与国际竞争。

六　巴西发展道路

（一）巴西的经济发展简史

1889 年巴西独立后一度是单一农业国家。20 世纪初，在出口农业带动下，咖啡种植业成为巴西的经济支柱之一，并带动了食品、纺织、服装、制鞋为主的轻工业的发展。农业占据经济的主导地位（约占国内生产总值的 67.8%，其中食品业独占 40%）。这一阶段的发展是对殖民地时期所形成的国际分工体系的路径依赖的结果。20 世纪 30 年代爆发的全球经济大萧条和第二次世界大战的冲击，给巴西造成了持续的国际收支困难，代表工业界利益的瓦加斯政府开始致力于推动国家的工业化进程，放弃初级产品出口的方式并走向进口替代工业化进程。瓦加斯政府采取了整套保护和促进民族工业发展的措施。如打破困扰各州之间的关税壁垒，建立统一的国内市场；建立国家外汇管理制度等，使巴西经济实现了长达 30 年的稳定增长，年均增长率约为 4.6%。1945—1963 年是巴西的工业大发展阶段，这个时期巴西经济主要靠投资拉动，投资的大幅波动，导致经济增长大起大落。

1964 年，巴西军人政变上台。当时欧洲美元市场的兴起为许多国家的政府带来了巨大的前所未有的机会，巴西军政权首次走上了一条通过向世界资本市场大量举债而求得发展的道路：它可以向西方发达国家的银行贷款，而不用像过去那样从政府或半官方机构那里贷款。政治上的高度集权便于调动国家资源，1968—1973 年，巴西投资规模直线上升，1967—1974 年经济年均增长率达到 10.1%，成就了巴西经济的"十年奇迹"。但这种依靠外债、片面追求经济增速而忽视增长质量的"大跃进"增长方式，加深了巴西经济的对外依赖性，给巴西经济带来极大隐患：外债累积、通胀蔓延和经济依附。随着 70 年代石油危机的爆发，1980—1994 年成为巴西"迷失的十年"。巴西经济增长缓慢，且波动较大。经济增长的大起大落给巴西经济发展带来了严重破坏，尤其通货膨胀率居高不下，其中有 14 年的通胀率超过了 100%。

20 世纪 80 年代后期，美国针对拉美危机提出了新自由主义原则——华盛顿共识，核心内容即为贸易自由化、价格市场化、私有化。巴西新一代领导人科洛尔深受芝加哥学派等新自由主义经济理论的影响，在上台后进行大刀阔斧的以稳定经济和降低通货膨胀率为主要目标的新自由主义结构改革。改革的主要内容包括贸易自由化、价格自由化、货币自由兑换、国企私有化等。90 年代实行的私有化，无论规模和速度都史无前例。但由于其经济体制及经济基础与西方市场经济存在很大差异，新旧制度之间难以迅速融合，导致巴西在转型初期，经济出现严重衰退，通胀急剧上升。历届政府实施的"克鲁扎多计划"（1986 年 2 月）、"布雷尔计划"（1987 年 6 月）、"夏季计划"（1989 年 1 月）、"新巴西计划"（1990 年 3 月）等未能制止日益加速的通货膨胀。1994 年通胀率高达 2000%。

1994 年，卡多佐总统提出了雷亚尔计划。以利率控制通货膨胀是雷亚尔计划实施以来巴西经济政策的基本点。推动外资对巴西私企的合并、兼并，是卡多佐重组巴西经济的另一重点。迅速的进口自由化和高额利率，使外国资本得以轻易排挤、取代巴西本国资本。为了缩小收入差距，卡多佐照搬西方的福利政策，提出"福利赶超"。但在跨国公司领导下进行的巴西经济现代化，既没有促进巴西资本积累率的提高，也没有促进巴西的国际竞争力。2001 年巴西人均收入跌至 2920 美元，倒退回 50 年代的水平，失去了世界第八大经济体的地位。

2003 年卢拉政府执政后，采取了渐进主义思维模式，采取谨慎的财政和货币政策，使巴西进入自 20 世纪 70 年代"巴西经济奇迹"以来的最快且最长的经济增长周期。2003—2008 年，巴西经济年均增长率达到 4%，巴西重回世界经济十强行列。2011 年，巴西 GDP 规模首次超过英国，成为全球第六大经济体。这一超越之举，成为巴西经济的"美丽外衣"。巴西由"永远的未来之国"成功转型为"金砖之国"。

巴西的成功既归功于卡多佐推行的以市场为导向的政策（这解决了长期的通胀问题），也归功于卢拉领导的劳工党推出的社会福利计

划。但全球金融危机以来，不利的外部环境以及制造业发展不足、基础
设施和运营机制落后等内部缺陷又使巴西经济近期出现波动，再次显现
出经济的脆弱性。调整产业结构，提振制造业，提升经济竞争力，同时
加快基础设施投资成为巴西经济未来发展的必然选择，还继续面临巨大
的收入差距、严重腐败等因素对未来可持续发展的挑战（见图3-1）。

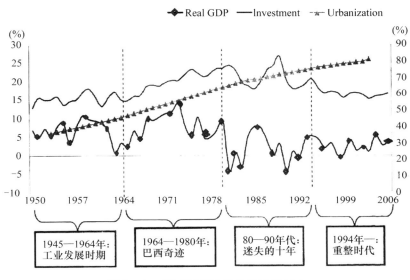

图3-1　巴西经济增长的阶段性历史

（二）巴西发展道路的经验与教训（1964—2012 年）

巴西在经过 1968—1973 年国内生产总值年均增长 10% 以上的快
速发展以后，在 1974 年人均 GDP 突破 1000 美元。然而此后，巴西
长期徘徊在中等收入阶段，直到2010 年人均 GDP 才突破10000 美元，
2011 年人均 GDP 约为 1.2 万美元，勉强接近高等收入的门槛。巴西
近 40 年在中等收入阶段的徘徊，成为掉落"中等收入陷阱"的典型
代表。巴西在经济高速发展阶段，缘何"经济奇迹"突然中断，并且
陷入中等收入陷阱近 40 年？对比韩国在同等条件下迅速跨越中等收入
陷阱的经验，可以发现巴西高速增长的背后蕴藏着巨大风险，表现为

增长动力不足和增长质量不稳定。回顾百年来巴西经济发展的历程，有一个非常鲜明的特征：工业化发展阶段一直贯穿着对外部资金和技术的严重依赖、教育质量低下、收入分配严重不均、资源配置效率低下和投资领域政策扭曲等。进入 21 世纪以来，巴西经济尽管取得了重大发展，但仍然面临极大的挑战，在产业结构升级、减少贫困、消除社会不平等、可持续发展及基础设施等方面存在严重瓶颈。我们将这些因素加以归纳，从 5 个维度纵向描绘巴西"经济奇迹"的来龙去脉及发展道路上的得与失，以此探讨巴西"经济奇迹"中断和经济成长不稳定的根源，以期为我国的发展提供参考借鉴。

1. 技术创新

从巴西的发展历程看，巴西以矿产资源作为主要驱动因素，带动了冶金、航空和制造业及机械电子设备的发展。20 世纪 70 年代，巴西已拥有重要的消费型电子工业，较为现代化的通信系统，若干家通信设备本地制造商以及高水平的技术基地，具备把握新一轮信息技术革命的机遇和促进产业优化升级的重要条件。但 1964 年巴西军人政权选择了一条依靠大规模举债创造增长奇迹的道路，科技进步和创新在国家战略中未被重视。当 70 年代末的能源危机迫使世界产业结构开始进行优化升级的时候，国际实际利率创纪录的新高导致巴西陷入严重的债务危机，经济增长停滞，通胀蔓延。80 年代巴西投资大幅减少。由于缺乏必要的公共财政支持，主要国有技术研发中心的改革停滞不前，巴西的产业结构低水平重复并导致经济发展的低水平徘徊。

90 年代，巴西新自由主义改革实行了全面的私有化，并大幅削减公共财政预算，研发投入急剧萎缩，本土优秀研发机构被弃置。外国资本对巴西本土汽车部件、银行、钢铁、食品、饮料、奶制品、电子、化学品等企业进行大肆兼并重组，导致本土产业日益萎缩。但跨国公司多数采用的是进口原材料、中间产品和生产设备，利用本地廉价劳动力加工、装配，然后再出口到国际市场的生产方式。因此，巴西经济增长过分依赖外资的后果是跨国公司完全占领其高端产品市场，使巴西几乎放弃了独立的科技、产业和创新政策。卡多佐上台后采取的高利率政策虽然成功控制了通货膨胀，但也使得巴西在 1995 年成为"世界最高利率国家"，导致大量资本从实体经济转向国债和银行，生产性企业倒闭的比例高达31%。巴西70%的研发经费来自政府和公共部门，大学和研究中心承担了80%的研发项目。福利赶超政策也使得政府大规模削减了教育、科学和技术研究的资金，国家自主创新的能力进一步削弱，为巴西产业发展和结构转型造成严重障碍，导致十多年后，巴西自主发展能力依然很弱，缺乏长期稳定增长的动力。

因此，根据洛桑报告和世界经济论坛的评价，巴西的综合竞争力排名一直处于中等偏下的地位。2004年以前，巴西法律禁止政府直接资助公司的创新行为，也不允许公司雇用大学研究人员，阻碍了中小企业创新发展。研发支出占GDP的比重在1990—2010年的20年间基本没有太大变化，始终在1%左右徘徊。2008年每百万人中的研发人员也才近700人。

教育落后是阻碍巴西国家创新体系培育的另一重要因素。联合国"2006年度全球教育推广调查报告"指出，巴西教育质量居121个国家中的第71位。尽管巴西已让大多数儿童上学念书，但学生在校日平均时间仅有4小时15分钟，低于联合国设定的标准。巴西也是拉美学生留级率最高的国家。20世纪六七十年代中学入学率不足50%，1976—1998年，高等院校入学率只有10%左右。

巴西政府也认识到创新的制度性缺失问题。卢拉上台后，加大了教育投入，大大改善了中等教育者的人数，但高等教育仍然严重滞后，入学率2005年仅为25%。近年来，巴西出台了一系列促进大学与企业合作的法律和政策，旨在将科研成果应用于经济和社会领域。然而，这种矛盾是历史积淀下来的，制度性缺失很难一朝一夕得到扭转。

2. 对外开放

巴西的贸易结构与中国存在显著不同，贸易在GDP中所占的比例并不很高。出口在巴西GDP中的份额长期不足10%。2003—2010年，出口对经济增长的贡献平均增至20%以上。巴西的出口结构具有高度集中性，初级产品尤其是食品和农业原材料以及矿产出口的总和，占到对外贸易总额的50%以上。巴西一直是矿产品贸易顺差国。2003年后全球初级产品价格的攀升使巴西出口收入大增，对经济形成向上推力。

从外资流入看，巴西和中国都采取了吸收外资的政策，推动产业结构升级。尤其是20世纪90年代后，巴西对外资采取了完全开放的政策。据国际金融公司对世界多个新兴市场的评估报告，巴西被评定为"可以完全自由进入的市场"，这在其他发展中国家是不多见的。2003年以来，巴西出现FDI流入的新一轮增长，冶金业、食品加工业、金属矿产业、石油和乙醇燃料生产方面的外资均有不同程度的增加。2007年以来，巴西外资流量与存量均位居拉美第一，FDI流量在其固定资本形成中所占比例超出30%，成为推动经济增长的重要力量。

对外开放是巴西经济发展的主要动力之一。它给巴西带来了机遇和辉煌，也给巴西带来了另一面的影响。一是产业能力和技术水平处于全球产业链条的低端，尤其进入中等收入水平后，劳动力成本提高和资源价格上涨，进出口成本逐年提高，产业结构升级势在必行。二是国际资本大进大出的特性使巴西资本市场反复经历剧烈波动，给经济的可持续发展带来极大挑战。90年代巴西金融市场的全面对外开放，吸引了大量国际资本涌入。2001年后，巴西净资本流入快速、大规模增加。因向国际资本支付巨额投资收益的需要，巴西常年维持庞大的收益项逆差，造成巴西经常项目重回大规模赤字，缺口必须依赖国际资本的继续流入来填补，从而形成一个恶性循环。金融危机期间，国际资本集中出逃，巴西金融资本账户经历了剧烈波动，最低跌至赤字200亿美元以上。美联储出台量化宽松政策后，金融市场和经济形势企稳，国际资本又以更加疯狂的态势涌入巴西。2013年，美国量化宽松释放出退出信号，国际资本又开始大规模逃离，给巴西经济的可持续发展带来极大隐患。

3. 产业结构

巴西是世界上工业化最迅速的国家之一。自20世纪60年代起巴西的产业结构已经具备了高收入工业化国家的主要特征，三次产业增加值占GDP的比重呈现强烈的"3＞2＞1"结构特征，基本完成工业化过程（见图3-2）。

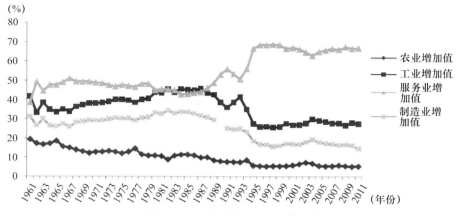

图 3 - 2 三大产业占 GDP 的比重

巴西的大部分增长都集中在服务业领域。服务业占到巴西经济规模的60%，但生产效率极其低下。工业制造业也一直处于相对弱势，基础设施和运营机制方面存在的内在不足，又使得这种弱势趋于固化。1981—1993年工业年均增长率仅为－0.26%，丧失了拉动经济增长的能力，出现了明显的"去工业化"现象，近年来初级产品部门的获利增加，更是加剧了这一趋势。投资不足是阻碍其规模扩大的主要原因。巴西的投资只有11%—15%流向制造业部门。造成这一现象的原因有两方面：一是外向型发展方式下，巴西制造业的比较优势和竞争力有限，限制了该产业的发展；二是巴西基础设施落后和运营环境方面的不足，降低了制造业对外资的吸引力。世界经济论坛《2011—2012年全球竞争力报告》显示巴西的"基础设施的总体质量"在142个经济体中名列第104位，码头、机场和公路质量的排名分别是第130位、第122位和第118位。世界银行《2012年营商环境报告》的183个国家，巴西的总排名为126位。同时，来自外国的激烈竞争也挤压了制造业的利润率，导致企业降低了投资水平。巴西必须找到别的方式来提升竞争力。

过度依赖资源和消费，基础设施投资严重不足，是巴西的致命伤。巴西一直奉行低储蓄、高消费、高负债、高利率增长的发展道路，导致公共基础设施的投资远远跟不上经济的发展水平，成为巴西经济发展的瓶颈。20世纪90年代为了稳定经济，巴西采取了大幅度削减公共开支的"紧缩财政"政策以平衡财政收入，用于公共基础设施的投资越来越少，到90年代末固定资本形成占GDP的比例只有近15%。2002年卢拉上台后加大了投资力度，但基础设施投资滞后状况仍然存在，影响经济的可持续性。

在推进工业化发展初期，巴西采取了扶工抑农政策，为适应工业化的要求，巴西实行大规模的农场化和农业机械化耕作，拥有小块土地的农民由于无法与大农场竞争而纷纷破产，不得不变卖土地。城乡人口结构和农村生产方式发生变化，导致主要分布在农村的第一产业与主要分布在城市的第二、三产业产值严重失衡，第一产业国内生产总值在全国生产总值中贡献率极低。70年代前，农产品出口创造的大量外汇被投入处于优先地位的工业部门，农业缺乏投资，生产效率低，对粮食安全和农民收入产生影响。巴西农业现代化的道路使农业越来越向资本密集方向转变，劳动力需求减少，对劳动者的素质要求提高，使大量无地、失地农民失去就业机会，农村地区产生大量贫民。

4. 城镇化

巴西是世界上城市化进展最迅速的国家之一。1950—1980年的30年间，巴西城市化水平从40%提高到64%。2000年城市化率高达81.4%，而同期的世界水平仅为46%，大大超出了巴西工业化的发展水平。过度城市化使流入城市的人口呈爆炸性增长态势。自60年代以来，巴西城市人口以每年5%以上的速度递增。由于大批农民缺乏知识和技术，很难在现代工业部门中找到工作，而且城市经济发展所创造的就业岗位供不应求，失业率居高不下。巴西六大都市圈的城市失业率自2000年以来一直高于7%，2002年受阿根廷危机的影响，巴西的失业率一度高达11.2%。

由于城市无法为农民提供足够就业机会，导致城市边缘化问题日益严重。围绕城市周围的贫民区人口不断增多，形成大规模的贫民窟。贫民窟里的贫民难以融入城市发展进程，非正规就业率、文盲率和贫困人数攀升，环境恶化、治安混乱，犯罪率不断上升，造成一系列社会管理难题。在巴西的大城市里，先进与落后、富裕与贫穷、文明与愚昧同时并存，带来了人口和城市化的畸形发展。

5．收入分配制度

公平发展不仅有利于改善收入分配，创造更为均衡的发展，还能够减缓社会矛盾和冲突，从而有利于经济可持续发展。巴西长期以来重财富积累，轻分配。

1964 年军政府上台后，财富密集地流向富人。巴西国企高层普遍享有高薪，甚至高于其欧美同行。在巴西政府连海外借款的利息都难以偿付时，巴西国有企业仍将巨额资金用于支付高层高额的薪酬。巴西农村的大农场主也获得了巨大的收益。20 世纪七八十年代，巴西农业所得税仅占国家所得税的 1%；国家所得税中的 10% 用于农业补贴，这些补贴大都流向大农场。1969—1975 年，分配给大农场的信贷增长了 10 倍，而分配给小农场的信贷增长还不到两倍。而巴西的劳工群体和无地农民、城市贫民的境况日益恶化。1972 年，52.5% 的巴西民众生活水平还达不到当时的最低工资水平。1961—1975 年，营养不良的巴西人口数量增加了一倍。巴西教育也是很典型的例子。巴西军政府忽视基础教育而重视高等教育。最好的中学都是私立的，吸引了大批富家子弟。而大学教育却是免费的，教育拨款有一半流向这些国立大学。能进入国立大学的几乎都是富家子弟。教育政策补贴了富人，剥夺了贫民获得良好教育的机会。

因此，巴西"经济奇迹"的收益并未惠及普通民众。在进入中等收入阶段后，收入差距不断扩大，形成了两个对立的阶层——高收入的富有阶层和低收入的贫困阶层。1970 — 1995 年，巴西的基尼系数平均达到 0.61。这样的分配结构难以为普通民众提供经济激励以促进经济的持续发展。巴西无地农民开始占领土地、冲击政府机关、摧毁道路收费站，引发激烈的社会动荡，甚至政权更迭，进一步对经济发展造成严重影响。

20 世纪 90 年代，卡多佐试图照搬发达国家的社会福利制度，想在"经济赶超"的同时，实行对发达国家的"福利赶超"。使得 1997 — 1998 年的平均社会总支出与 GDP 占比达到 20.8%。与经济增长状况不相符的赶超政策导致财政赤字过大，国内外债台高筑，引发债务危机、金融危机，最终导致经济增长停滞。

2002 年卢拉上台后先后制定了两个四年发展计划。第一个四年计划解决了所有 7—14 岁的儿童入学问题；建立了 30000 人的医疗队伍，解决了 1 亿人的就医难问题；使低收入的居民住房困难户减少了 25%；并扶植中小企业出口，修建国道、铁路，解决了 780 万人的就业。第二个四年经济发展计划是增加 5000 亿雷亚尔的公共支出，同时减免 66 亿雷亚尔的税收，推动公共投资和私人投资的增加。卢拉政府还通过完善社会保障制度来拉动内需。以"零饥饿计划"和"家庭救助金计划"为主的一系列社会政策，取得很好的效果。2001—2009 年，10% 最贫困人口的平均收入增加了 6.8%，而 10% 最富裕人口的收入增加率仅仅为 1.5%。基尼系数连续从 2001 年的 0.613 降至 2009 年的 0.547。人文发展指数从 1980 年的 0.68 发展到 2006 年的 0.81，体现了卢拉政府执政期间的收入分配趋好态势。

由于自然条件、地理位置差异和经济发展进程不同等因素的影响，巴西各地区经济和社会的发展非常不平衡，差异较大，表现出较强的地区二元结构。巴西的财政返还政策又人为造成地区差距和阶层差异。巴西的财政返还政策是根据各州工资标准确定税收，然后按税收贡献向各地返回。这种公共财政政策就是征税越多返还越多，征税越少返还越少，是一种典型的穷者愈穷、富者愈富的"马太效应"政策。

巴西贫富分化并未从根本上得到解决，2011 年巴西的基尼系数仍然高于 0.5，是全球基尼系数最高的国家之一。腐败也严重制约和影响了巴西经济和社会发展。腐败是两极分化的重要原因之一。巴西政治腐败严重，任人唯亲，裙带关系盛行，贪污贿赂非常普遍。透明国际组织公布的"2005 年清廉指数"世界排名中，巴西居第 62 位。

(三) 巴西发展道路对中国的启示

巴西资源丰富、自然条件优越，但经济长期陷入中等收入陷阱，其发展道路对中国未来的发展很有启示作用。

1. 巴西的经验表明，经济发展过度依赖外资而不是培育和强化本土创新能力，在经济跨入中等收入阶段后，会成为经济长期发展的关键桎梏。利用外生性后发优势的产业发展政策，虽能在短时期促进GDP快速增长，但由于缺乏自主创新的内生驱动，在某种程度上，只是发达国家企业车间的搬迁和延伸，无法形成本国多样化的具有自主研发能力的制造业体系，也就不能拥有技术产品的生产规模和在世界市场上的占有率。R&D/GDP不仅仅是科技投入指标，更重要的是反映出国家经济增长中科技和创新驱动因素的重要性，体现了经济结构的优化状态。韩国、巴西人均GDP增长曲线与R&D投入强度增长曲线的耦合性充分显示，研发投入、科技发展与经济增长存在正相关，科技优先发展是突破"中等收入陷阱"的先决条件。而保护和强化企业自主创新是突破"中等收入陷阱"的重要动力。

2. 巴西的经验也表明，对于中等收入国家来说，最现实最直接的发展动力应该是经济结构调整，特别是产业结构升级。中国要清醒地认识到速度效益型经济发展道路背后的安全风险，采取渐进式转变增长方式，既维持经济平稳较快发展，又逐步提升高科技竞争力，有效增加经济韧性，利用高科技产业带动经济发展，形以资源禀赋和高科技两大赶超动力，最终实现经济位次的顺利升移。中国一直奉行高储蓄、低消费、过度依赖出口的增长方式，消费率持续下降；与政府消费率相比，居民消费率下降尤为明显。投资需求持续扩张、投资率长期处于较高水平，而消费率持续走低，使我国大量过剩产能需要更多地依赖国际市场来消化。从国际比较看，我国消费率不仅明显低于美国、日本、德国、英国等发达国家，而且也明显低于巴西、印度等发展中国家。当前的状况说明巴西和中国的两种道路似乎都不可持续。中国需要尽快构建扩大内需长效机制，促进经济增长向依靠消费、投资、出口协调拉动转变，扭转投资和消费的失衡关系。

3. 要以循序渐进的城市化为依托，形成对经济增长的持续支持。我们既要防止拉美式的"过度城市化"，控制大型城市人口过度膨胀，又要纠正目前中国的"浅度城市化"，为农民工提供均一和平等的公共服务，让他们真正"市民化"；积极采取有效措施，努力保持城市化与工业化的协调发展。快速城市化会带来城市人口的迅速增长与城市基础设施建设滞后的矛盾，进而引起高额城市化成本，这将大大降低城市化带动经济增长的功能。拉美国家陷入"中等收入陷阱"就有其中的原因。因此，未来中国的经济增长一定要把握好城市化推进与城市化成本提高的平衡，以逐步推进来缓解城市问题的集中爆发，不断发挥城市化助推经济增长的功能。城市化并不能自动解决农民问题，关键是为农民进城就业创造更多的机会。巴西的情况表明，进城农民就不了业，只不过是由农村的贫困人口变为城市的贫困人口。统筹城乡发展，关键是为农民进城创造更多的就业机会，使农民在城里有长期稳定生存的手段，只有这样，城镇化水平才可能扎实地提高。要继续重视发展传统工业，大力发展劳动密集型产业，发展多种服务业，促进中小企业发展，充分发挥其吸纳农村劳动力就业的作用。

4. 从巴西身上，中国还应该学到，应以推动公平分配为切入点，扭转收入分配差距扩大的趋势。中国在经历 30 年的经济高速增长之后，已积累了较大的生产能力，制造业更是得到"世界工厂"的称号。因此，中国经济的持续发展日益凸显了需求特别是消费需求的地位，这就对居民收入水平以及收入分配提出了新的要求：我们不仅要提高居民收入水平，而且要缩小收入差距。对中国来说，目前出现的各种内外经济不平衡都与居民收入水平和分配差距相关联，而且，居民收入水平的提高和收入分配差距的缩小还是产业结构升级的重要基础。更重要的是，未来中国经济持续增长需要有稳定的社会发展环境，这必须由缩小收入分配差距和实现公平分配来保障。为此，中国迫切需要改变目前的国民收入分配在国家、企业、居民的比例，扭转收入分配差距扩大的趋势直至最终缩小收入分配差距。

5. 对国际资本的完全开放，巴西给我们的启示是十分深刻的。国际资本的大进大出深刻影响着巴西的资本市场，而这也决定了巴西作为国际大市场的子市场，其股市、货币的走势主要取决于国际市场的波动和风险偏好。GDP 高增长、高利率，金砖概念加身，使得巴西成为新世纪以来国际投资和投机资本最为青睐的新兴市场之一。但由于其开放的金融市场，在全球经济金融危机的背景下，巴西也成为国际资本大进大出之地，使巴西市场更多地受到国际金融市场波动或风险情绪的左右，而非由巴西本国的经济金融状况决定。

中国已经步入中等收入国家行列。与巴西相比，尽管中国有一些优势，但未来的风险不容忽视。过度依赖外资、产业结构不合理、技术创新体系不健全、贫富悬殊、腐败严重、城市化过度等都是巴西近40年的时间未跨出"中等收入陷阱"的重要教训。中国应引以为戒，保持城市化与经济水平同步发展；保持福利制度与经济增长同步发展，实现包容性增长。

七　日本发展道路

日本是世界上最发达的经济体之一，在东亚地区拥有着重要的政治、经济、军事地位。它的土地面积37万多平方公里，水域面积3091平方公里，领海面积31万平方公里。从经济总量上来看，2011年，日本的国内生产总值为50588亿美元，居世界第三位，人均GDP达到39587美元，居世界第十八位。从GDP的年均增长率来看，日本不同的发展阶段表现出显著的差异。20世纪60—90年代，日本经济保持了一个较快的发展，特别是70年代中期之前的阶段，GDP的年均增长率达到8.77%。70年代中期之后，日本进入了一个经济适度增长的时期，1975年到1990年期间，GDP的年均增长率降为4.31%。90年代之后，经济的增长开始出现徘徊，增长率始终在0线附近，1990年到2011年的年均GDP增长率为0.81%，2009年降为 -6%。

（一）日本经济发展历史简述

具体而言，日本社会经济的发展主要经历了以下几个阶段：

1. 明治维新时期（1868—1879年）

进入资本主义社会之前，日本曾经经历了长期的封建社会。1853年在美国的压力下，日本被迫开放，从此结束了江户时代以来持续了220多年的锁国状态。日本开放以后，对外贸易急剧发展，生产技术水平迅速提高，与此同时，新型商人阶层地位迅速上升，而原有的封建经济体制被动摇。由于国内金银兑换比例低于欧洲市场，日本的黄金在对外贸易的过程中大量流失，德川幕府上调了金银兑换率，却引起物价急剧上涨和国民生活水平的大幅下降，社会政治制度被动摇。1868年，下级武士推动了具有资本主义改良性质的明治维新，从此日本开始了近代经济发展过程。明治维新之后，新政府建立了中央政府、废藩置县、废除封建身份制、废除各种封建规章制度、改革地租等，奠定了社会经济基础。此后，明治政府大力鼓励和扶植近代经济制度和新产业，主要措施包括设立官营模范工场、建立银行制度、扶持民间企业、大量雇用外国教师和技术人员，经过大约十年时间，日本就进入大规模的产业革命时期，支持经济发展和技术进步的力量明显增大，经济增长变成社会常态。

2. 产业革命时期（1880—1913 年）

19 世纪 80 年代开始，日本进入产业革命时期，出现了兴办民间企业的高潮，会社数量和资本金规模都成倍增加，到 19 世纪末，很多会社都已成为拥有许多工人和机器设备的大企业，特别是纺织业，由于属于劳动密集型产业且劳动力成本比较低，具有较强的国际竞争力，成为日本主要的出口产业，赚取大量外汇，也解决了大批劳动力的就业问题。然而，日本的资源贫乏、国内市场狭小的问题不能解决。19 世纪末 20 世纪初，日本发动甲午战争、日俄战争，并将朝鲜半岛完全变成日本的殖民地，赔款、割地和利益地盘的重新划分对日本经济起到了雪中送炭的效果，使其得以扩充军备、兴建大学、交通和通信设施，国际地位迅速提高，外资大量涌入，并实现日元金本位制，从此进入国际金融市场。此后，日本大力发展造船、钢铁等重工业以及染料、药品和化肥等化学工业。

3. 第一次世界大战和战后经济（1914—1929 年）

第一次世界大战是日本经济发展的黄金时期。第一次世界大战爆发时，由于贸易和海运的中断，日本的出口受到严重影响，企业倒闭，农产品价格下降，早期扩张军备和殖民地导致的财政收支恶化使得国民经济即将破产。战争开始后，日本收到了大量的纺织品和杂货订单，工业产量增加，贸易状况迅速好转，迅速跃升为债权国。然而，大战结束后，海外需求减少，日本经济重又陷入危机，股票价格暴跌，国内经济危机严重。为此，许多企业集中合并，形成卡特尔，通过限制生产提高价格改善处境。由于这些财阀对政府提供了支持,他们的规模和影响力都迅速扩大,控制了国内的金融、产业、贸易等部门。同时,日本通过对中国、朝鲜的铁路、矿藏投资加紧了经济掠夺的速度。

4. 第二次世界大战时期(1930—1945 年)

日本工业迅速发展的同时,传统农业部门却处于封建地主制的统治,发展缓慢。同时,战争和工业的发展使大量农村劳动力流出,妇女和老人成为农业生产的主力,加之经济危机带来农产品价格暴跌,日本农业受到了沉重的打击,负债严重。同时,1930 年的世界经济危机使得日本的出口遭受打击,为了摆脱经济危机,政府开始大量发行公债、扩大财政支出,特别是军费开支,同时进行汇率贬值,这使得日本产业的出口竞争力迅速恢复,出口增长也带动了钢铁等其他产业的复苏。1934 年日本的产业部门开始了新的设备投资,就业增长,金融复苏。1937 年,随着侵华战争开始,日本军费开支猛增,政府鼓励军需产业投资,对其他产业则实行控制,这对于紧缺物资和资金的分配起到作用,但随着战争的长期化和同盟国的禁运措施,外贸中断,资源储备消耗殆尽,生产水平下降,最终导致国民经济全面崩溃和战争失败。

5. 战后经济发展(1945 年之后)

第二次世界大战之后,美国对日本重建的援助,以及之后整个冷战时期在亚洲进行军事扩张所需要的大量采购,为日本正在形成的出口工业创造了市场,使日本得以在 20 世纪 60 年代之后迅速崛起。这一时期,日本政治环境较为稳定,安全得到加强,政府集中精力于经济发展。此时,政府奉行“GDP 第一主义”理念,并将其贯彻在产业政策、财政金融政策和增长性经济计划等多个方面,采取多种方式全面调动和投入资源、金融资本和劳动,对经济实行强有力的干预和导向。50年代到 60 年代末,政府的目标是实现产业结构的重化学工业化,并在此基础上,适应贸易和资本自由化形势,增强国际经济实力,加速经济国际化进程。70 年代到 80 年代中期,产业政策的战略目标是大力实行产业结构调整,在资本密集型向技术、知识密集型发展的基础上向尖端技术密集型产业发展。80 年代中期以后,主攻方向和目标是:在进一步推动产业结构高级化的同时,调整经济结构,推行国际协调战略,为经济在新形势下进一步发展创造条件。90 年代之后，日本在信息技术革命中应对政策滞后，其直接投资的产业仍然主要属于传统的劳动密集型、能源消耗型产业，技术优势不明显，不能有效带动东亚国家和地区的产业结构升级，也削弱了日本在东亚经济中的领头雁作用。与此同时，韩国、新加坡等新兴工业化经济体的信息技术产业迅速发展起来，日本从此进入一个低迷时期。1997 年，日本等国家在金融危机中受到强烈冲击，发展速度骤减，之后，经济陷入长期停滞。

（二）日本快速工业化后期的发展道路和经验

从日本的整个发展历程来看，其主要的特点是起步低、速度快，其主要经验包括以下几个方面。

1．技术进步

首先，日本在国家政策层面高度重视科技的重要性，将科技创新作为建设创新型国家的首要选择和核心动力，制定战略规划，不断调整科技发展方向。1946 年，日本颁布的宪法就规定了科技进步的优先地位。1950—1975 年的 25 年间，日本共引进了 25000 多项技术，并用不到 30 年时间、花了仅 60 亿美元左右，就把美国等西方国家用了半个多世纪、花了 2000 多亿美元的研究成果学到手。日本引进技术的原则非常明确：首先，狠抓对经济发展具有全局性影响的基础工业部门的技术引进，注重实际经济效果；其次，注重技术的连锁效应，使新技术不仅为直接引进的部门所用，也能为其他部门所用；最后，注重技术推广的可能性，如果引进后不能推广和消化就暂不引进。这些原则使得日本能够用有限的资金购买产生最大效用的技术，其整套钢铁技术的迅速提升就是明证。此外，日本以法律形式确立了科技的重要地位。1995年，日本颁布了《科学技术基本法》，之后三次出台《科技基本计划》（以下简称"计划"），认真设计科技发展的方向和重点。

其次，政府注重和支持企业层面的技术开发，一方面制定促进产学结合的政策，另一方面强调企业作为技术创新主体的重要性。1986 年日本政府制定了《研究交流促进法》，并于 1998 年进行了修改，该法极大地促进了政府研究机构、高校和民间企业间的科技人员的流动和技术转移，在这一框架下支持的校企合作的研究项目数量庞大。同时，《促进大学等技术转让法》为科研成果的专利化、实用化和商品化研究做出了重大贡献。政府重视企业的技术进步，这是日本制定科学技术政策的一大特色。一项 2001 年完成的大规模企业调查表明，日本企业的研究开发投入在连年增加。2001 年，松下公司的研究开发费用占营业额的 7.7%，索尼公司占 5.7%。在经济低迷时期也保持科技研发的投入，这为日本争夺国际市场、保护本国企业利益和产业竞争力提供了法宝和武器。

最后，政府在科技创新的体制改革方面，强化产业竞争，强调基础知识环境，改革教育和人才培养体系；重视科学知识的学习，加强与科技有关的社会伦理责任和风险管理，扩充和整治大学等的科技基础设施。政府、大学和非营利机构在 R&D 投入方面一直保持着世界领先的先进水平。为了解决国立研究机构及大学的研究设施陈旧、研究辅助人员不足等问题，政府努力加强在科研经费方面的投入。

2. 产业结构调整

日本在战后初期，将煤炭、钢铁、化肥、有色金属、石油、纺织和印染等部门作为优先部门，采取倾斜投资的方式（占政府投资总额的 76%），促进其迅速恢复与发展。1949 年 9 月开始推行产业合理化政策，陆续制定和颁布了促进产业合理化的各项法律，促进企业组织创新和战略产业的发展。为了赶超发达国家，日本 20 世纪 60 年代将钢铁工业、一般机械制造业、电气机械制造业、化学工业、汽车制造业以及交通运输业作为战略产业加以扶持，到 1970 年，以钢铁、石油化工、汽车、造船、家用电器等为主要内容的重化工业，在工业产值中的比重迅速增加到 92.3%。70 年代严重的环境污染与两次石油危机，迫使日本进行新的产业结构调整，逐步淘汰污染严重的资源能耗型工业，集中发展节能型技术和知识密集型产业，选择微电子产业、机械电子装置产业、光学机械产业、生物工程、新材料产业等知识密集和节能环保型产业作为战略产业加以发展。1985 年日元升值后，为了应对贸易摩擦与生产成本上升的压力，日本决定重点发展创造性的知识密集型制造业和现代服务业，将失去比较优势的劳动密集型产业如纺织业、成衣工业和轻型机械工业等传统产业向海外转移。转移的主要方式就是直接投资，主要地点是亚洲四小龙地区。随着日本的直接投资，其成熟或具有潜在劣势的产业逐渐转移到这些具有比较优势的新兴工业国，待到这些产业在新兴工业国逐渐丧失比较优势，新兴工业国再将这些产业转移至拥有比较优势的发展中国家。而日本又向四小龙地区投资，建立相对高级的产业。这就形成了备受世人瞩目的"雁阵模式"。日本在这一过程中，一方面，成功将产业升级换代，逐渐将技术和知识密集型产业发展为国内的主产业；另一方面，通过对不发达国家和地区的投资实现了资本的更高回报，成为最大的受益者。当前，日本制造业主要集中在电子产业（包括半导体、光纤、光电、多媒体、影印机等）和汽车制造业，是全球最大的汽车生产国，产量超过美国和德国。此外，日本发达的工业制造业还包括高级食品等（见图3－3）。

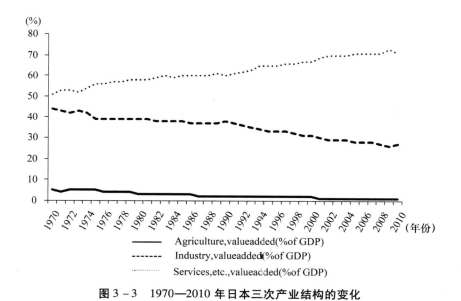

图 3 - 3　1970—2010 年日本三次产业结构的变化

值得一提的是日本的服务业在 70 年代之后出现了突飞猛进的发展。银行、保险、房产中介、零售（百货）、客运、通信等行业迅速扩张，对经济总量的贡献率在之后的 40 年里稳步提升，也有效地创造了就业

岗位。到 2010 年，服务业的生产总值已经达到了经济总量的 70%
以上。

3．城市化

日本城市化始于明治维新时期。1868 年，日本第一产业人数占就
业总人数的 87.9%。随着经济的发展，日本劳动力逐渐向第二、第三
产业转移，人口和经济向城市区域集中，城市人口所占比重由 1920 年
的 18% 上升到 1940 年的 35%。第二次世界大战之后，大量劳动力被安
排在农村，这使日本城市化速度减慢，到 1950 年，日本城市化率仅为
37%。1956 年开始，日本进入工业发展的黄金时期，到 1973 年的 18
年时间里，平均每年转移劳动力 42.9 万人，城市化水平从 37% 上升到
76%，年均增长 1.5 个百分点，18 年间工业生产增长 8.6 倍，平均每年
增长 13.6%。1977 年之后，日本的城市化进程进入成熟阶段，城市人
口基本达到饱和状态，此后的 20 年时间城市化水平仅提高了两个百
分点。

应该说，日本城市化的直接支撑是经济的高速增长和科学技术的日
新月异。日本工业化的发展及其集中式的空间布局使经济活动主体获
得较高的规模效益，也使城市化有了强大的物质基础、产业支柱。此
外，国际环境、贸易发展和技术引进使得日本的科学技术突飞猛进，尤
其是工业制造技术、通信技术、交通技术的进步，大大地提高了城市的
内涵。

在城市化进程中，日本政府有三方面的政策是值得关注的。首先，
政府制定了一系列政策来解决农地保护与城市用地之间的矛盾。日本
政府规定，征用农地必须经过一系列严格的程序：①申请征地；②登记
土地和建设物；③从业者与地权人达成征购协议；④申请征用委员会
裁定；⑤让地裁定；⑥征用终结。同时，征用土地必须给予原地权人合
理、足值的赔偿。这些赔偿包括征用损失赔偿、通损赔偿、少数残存者
赔偿、离职者赔偿、事业损失赔偿等。这些政策解决了土地使用方面的
矛盾，保护了各方的利益。其次，建立统一的社会保障制度，替代土地
对农民的生活保障功能，阻止收入差距扩大，也鼓励农村劳动力迁移。
《国民健康保险法》《国民养老金法》于 1959 年颁布、1961 年实施。

到 20 世纪 60 年代，以农村公共医疗和养老保障为支柱的农村社会保障体系初步建立并开始得到迅速普及。城乡统筹的养老、医疗保障制度的建立，标志着社会保障从职业型向普遍型转变。最后，实施价格保护等农业保护政策，保障农民收入，政府对农业的支持占到农户农业收入的 2/3。一方面，政府对农业采取了高补助与保护的政策，鼓励小规模耕作，系统化耕作零碎地，单位土地产量位居世界第一，粮食自给率达到 50%。这种高保护对稻米尤其显著，政府先是制定了 490% 的超高关税阻挡外国米，1988 年之前还将进口配额限制在总消耗量的 7.2% 以下，更在新规则公布后将关税提高到 778%。另一方面，政府积极支持农业研究和推广服务以加速"绿色革命"技术的推广，对灌溉和农村其他基础设施的大量投资加快了对高产品种和新作物的采用，并加快了它们所需的制成品投入物的应用，如肥料和机械设备。政府的政策使生产率不断提高，促进了农业产出的不断增长。

4. 对外开放

国际贸易在日本国民经济中占有重要地位。日本从 20 世纪 50 年代开始确立了贸易立国的发展方针。"入关"后，日本开始取得和其他缔约方同样的平等地位。按照关贸总协定最惠国待遇的基本原则，同大多数国家和地区进行自由贸易，为日本对外贸易规模的不断扩大创造了有利的国际市场条件。在此之后，日本在全球出口中的份额稳步上升。1965 年到 1990 年，日本成长为世界上最大的制成品出口商，占世界市场的份额从接近 8% 上升为近 12%。从数据来看，1995 年以后，日本出口的平均增长率达到 5%。日本主要贸易对象为美国、亚洲国家和欧盟国家，主要的进口商品包括原油、天然气等一次能源、食品、原材料等，而主要的出口商品包括汽车、电器、一般机械、化学制品等。从商品和劳务出口占 GDP 的比重来看，从 1960 年到 2000 年左右的 40 年时间里，日本的出口与经济总量呈现出同步增长的趋势，商品和劳务出口占 GDP 的比重始终在 10% 上下；2002—2008 年，日本的商品和劳务出口额快速增长，其中占 GDP 的比重在 2007 年和 2008 年均达到 18%（见图 3-4）。

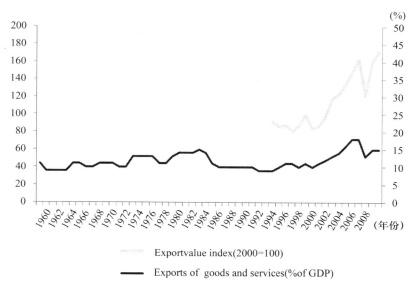

　　Exportvalue index(2000=100)

——　Exports of goods and services(%of GDP)

图 3 - 4　1960—2011 年日本的出口总量和占 GDP 的比重

　　需要说明的是，与其他大多数发展中国家相比，日本在有效管理政府赤字、控制通货膨胀方面表现非常出色。一个国家要成功地将政府赤字保持在经济能够承受的限度之内，才能够更好地控制通货膨胀和管理内外债务。较低的通货膨胀和有限度的债务反过来有利于国家采取较为合理的汇率，避免出现本币快速大幅升值从而导致出口减弱。当宏观经济的确由于外部冲击而出现问题时，政府立即采用传统经济学做法——削减财政赤字，在必要的情况下，使本币贬值。相比之下，其他许多发展中国家在控制赤字方面不太成功，从而在控制通货膨胀及管理债务和汇率方面遇到了许多棘手的问题。因此，这些国家的政策制定者在遇到宏观经济冲击时往往缺少回旋余地，其对策也往往迟缓低效。日本的实际汇率、实际利率、通货膨胀率等关键经济指标的波动较小，反映出它在宏观经济管理上的优势。这样的经济环境为出口的增长提供了必要的保障。

　　5. 收入分配

　　总体而言，日本的收入分配状况整体比较合理，促进了社会的和谐发展，这主要得益于两方面政策：一是社会保障制度的建立与完善，二是教育的普及。

城市化快速发展以及与此相适应的农地制度和农民社会保障制度的不断完善，极大地促进了农村发展和农民收入的提高，实现了城乡经济的协调发展。主要表现在：第一，消除了城乡收入差距。1975 年以后农户人均收入超过了城市工薪家庭户的人均收入。第二，消除了城乡消费水平差距。1975 年，农户人均生活费支出已超过了城市工薪家庭。第三，农户农业投资急剧扩大，农业生产实现了包括良种化、水利化、化学化、机械化和自动化在内的高度现代化，这使得农业生产效率大幅提高。

教育方面，日本重视教育的普及和人才的培养，从多个层次来推动劳动力结构的升级。一方面，政府重视普及职业教育，接受职业继续教育和高等教育的劳动者比例从 1990 年的 21% 上升到 2008 年的 41%，几乎翻番。这其中，在中等收入后段教育的发展上，日本重视将劳动力供给与市场需求有效结合起来，特别扩展机械、汽车、电子、化工、建筑等专业，适应日本产业结构的变化和重化工业发展的需求；同时，在高等教育阶段，扩张高等教育特别是专科教育，早在 2000 年，日本普通高等教育入学率已经达到 49.8%，专科教育的入学率为 22.1%，高等教育总入学率高达 71.9%。另一方面，在高级人才的培养上，日本非常重视研究生教育和高级专门人才、尖端技术领域人才的培养，并努力吸收海外人才来促进科技发展。日本的人口总量在过去近 50 年里持续增加，然而生育率的持续下降带来了劳动年龄人口的供给量不足，经济的发展缺乏动力，社会负担加重。教育的普及不仅使社会的收入差距得到有效控制，也在一定程度上弥补了劳动力供给在数量上不足的问题。

（三）日本发展道路对中国的启示

20 世纪 50—90 年代，日本在经济发展上取得了巨大的成就。相对于中国，日本 20 世纪经济成功发展的经验主要包括重视科技进步和人才培养、有效推动产业结构调整、重视经济均衡发展等几个方面。经济发展的转型和科技、人才的积累使日本保持均衡的经济结构，为日本经济的长期平衡奠定了基础。与此相比，我国目前在技术创新、产业结构调整、人才培养和经济均衡发展方面都存在欠缺。

在技术创新上，我国的科技密集型产品在国际上的口碑远不如日本，随着我国人工成本的不断提高，外资不断往东南亚和其他发展中国家迁移，我国经济发展的压力越来越大，制造业在出口方面所做出的贡献将日渐消失。在人才培养上，我国目前的劳动力，特别是作为城镇劳动力后备供给的农村劳动力，其受教育的程度主要为普通初中。考虑到我国普通中等教育和高等教育在劳动力技能培养方面与市场需求之间的脱钩，进行更具有市场针对性、更有效率的教育体系设置成为当务之急。在经济均衡发展方面，我国目前二元经济分割明显，随着国际贸易环境的不断恶化，着力发掘内需既是我国经济发展的必然趋势，也是当然选择；而改善二元经济结构、提高居民收入在国民收入中的比重，是扩大内需的重要途径。在克服这些问题方面，日本成功的经济社会发展过程为中国下一步的政策提供了很好的理论和经验依据。

当然，20世纪90年代之后，日本经济的长期停滞也为后发国家提供了警示作用。80年代末开始，为了应对日元升值，日本政府连续降低官方利率，造成货币供应量急剧增加，它们在资本市场和房地产市场自由进入进行投机，实体经济与虚拟经济呈现分离化趋势。90年代初，泡沫经济破灭，日本经济开始了长期调整和持续低迷。90年代之后，一方面，由于日本对信息技术革命的应对政策严重滞后，错失信息技术革命的机遇，没能大力发展以信息技术为核心的新产业，随着韩国、新加坡等东亚各经济体的产业结构不断升级，日本在带动东亚地区产业结构升级中的领头雁作用不断削弱。另一方面，日本对东亚各国进行直接投资的产业多属于传统的劳动密集型产业和资源、能源消耗型的资本密集型产业，这些产业多数不具有技术优势，存在相当大的技术落差。随着发展中国家和地区人工成本的不断上升，产业赢利空间逐渐稀薄。近年来，中国的产业结构调整与升级加快，它所形成的以信息、生物、新材料等为代表的知识密集型产业，以钢铁、石化、汽车等为代表的资本技术密集型产业，和众多的纺织、服装、钟表、合成纤维等劳动密集型产业，成为世界投资者青睐的对象。进一步加快产业结构调整和技术升级，提高产品在国际市场上的核心竞争力，是中国经济下一步发展的主要方向。

八　韩国发展道路

（一）韩国经济发展历史简述

20世纪60年代开始，韩国经济表现出持续不断的发展，经济总量从2000年的290亿美元增长为2011年的8310亿美元，人均GDP水平从1960年的1154美元上升为2011年的16684美元，在短短五十年时间里实现了从世界最穷国家之一到最富国家集团的跳跃，并且这种跳跃是建立在工业化和分配相对合理的基础上，十分稳固，这在世界各国的发展历史上都是罕见的。从GDP年均增长率来看，1960年到2010年，韩国的GDP年均增长率是6.86%。其中，虽然1979年、1997年和2008年期间，受到金融危机的影响，韩国GDP的增长率下降为负值，但总能够在短时间内迅速反弹。1960年到1997年的近40年时间里，韩国的经济平均增速达到8.0%。具体而言，韩国的发展历程主要划分为以下几个阶段：

1. 战后重建和土地改革时期（1953—1960年）

在第二次世界大战末期，韩国拥有一套相当发达的基础设施，但是美苏势力使朝鲜半岛一分为二，从而割裂了北方工业区和南方农业区的经济联系。战争造成了巨大的损失：150万人丧生，南方工业的2/3被摧毁。贫乏的自然资源和居世界前列的人口密度使得南方在战后几乎完全依赖于美国的援助。尽管战争造成了巨大破坏，它却瓦解了森严的社会结构，为开放性的根本变革开辟了道路，从而帮助韩国做好了工业起飞的准备。虽然在50年代的发展努力中存在着几个错误开端，但它毕竟在重建工作，包括交通和通信方面取得了进步。韩国政府还完成了在战前业已开始的土地改革。

2. 出口鼓励时期（1961—1973年）

韩国的出口与国内进口保护是配合进行的，贸易体制总的来说偏向出口，但在出口产业的组成方面保持中性。在实现鼓励出口的目标的过程中，政府决策者主要采用的政策工具包括汇率和金融政策以及产业决策权。最初，政府通过多重汇率、直接的现金补贴帮助出口商，同时允许出口商保留进口受限商品的外汇收入和举借外债。这一体制不仅避免了由于对资本和中间产品进行限制而对出口产生的不利影响，而且还为出口商提供了在高度保护的国内市场中由稀缺收益决定的优惠汇率。其后，鼓励出口的政策措施被更为制度化的工具所取代，但出口商仍享有很大的进口管制豁免权。直接出口商和间接出口商都享有税收豁免，进口中间商品也得到慷慨的损耗津贴，使得转手倒卖成为可能。这些政策既能使出口商免受保护政策造成的市场扭曲之害，又能使之在一定程度上得益于被保护的国内市场。此外，政府还通过国家控制的银行系统鼓励出口，在这些政策指导下，银行以优惠利率向政府有意扶持的某些活动及产业提供贷款，并且以出口能力作为企业信用额度的标准。

3. 重工业的发展时期（1973—1979 年）

20 世纪 70 年代之后，韩国政府开始从中性的鼓励出口政策向具有明确目标的产业政策转变。决策者希望利用所掌握的多种杠杆，使资源流向特定产业，以便尽快改变产业结构。对此，政府制定了明确的法规，列出了钢铁、石化、有色金属、造船、电子和机械六个具有战略意义的产业，制定了大规模集中投资、融资、技术引进、出口补贴等综合性扶持政策，同时将出口业绩作为政策扶持的依据。其中，前三个部门被政府用以巩固其在工业原料方面的自给自足；而后三个部门是向技术密集型出口产业转移的重点。由于当时韩国存在国内原材料供应不足、生产技术落后等问题，政策的推行存在很大的压力。与其他很多发展中国家不同，韩国政府从一开始就清楚地认识到，韩国国内市场规模有限，这些产业的发展必须针对国际市场，必须具有国际竞争力。因此，韩国集中引进新技术，并招聘美国培养的韩国科学家回国工作。这些具有前瞻性的政策，使韩国相对于很多发展中国家而言显得更为成功。此后，这些产业成为韩国出口产品的主导产业。

4. 实用的鼓励措施和自由化时期（1979—1990 年）

20 世纪 70 年代的产业重点发展战略取得了一定的成功，但过度的干预造成了经济发展的瓶颈现象，债务猛增、劳动密集型的产业缺少信贷。当第二次石油危机来袭时，韩国的通货膨胀已相当严重，汇率高估、重化工业开工不足、出口不稳定，政府于是削减和迅速扭转了对战略性产业的支持，将本币贬值，改变信贷分配政策、取消了对重化工业部门的大规模优惠。1979 年起草的五年经济计划承认，经济情况之复杂远非政府的管理能力所能驾驭。该计划强调指导性计划和扩大市场的作用，并最终将此体现在一整套金融和进口自由化的计划之中。政府的干预自 1979 年以来集中在改造不景气的产业，支持技术发展和促进竞争方面。

5. 金融部门的自由化（1990 年之后）

20 世纪 90 年代，韩国重点进行了金融部门的改革，建立独立的金融部门，特别是逐步淘汰掉夕阳产业及倾斜过多的产业，消除 70 年代偏激政策遗留的后果。1997 年，亚洲金融危机后，韩国经济进入中速增长期，GDP 平均增长率为 5.2%。2008 年 9 月发生金融风暴后，韩国一度被认为，可能步冰岛后尘，成为第二个破产的国家。但不到一年，局势就迅速翻转，韩国成为 OECD 三十个会员国中复苏最快的。OECD 国家 2009 年第二季度的平均增长率是 0，而韩国 2009 年第一季度的经济增长率为 0.1%，第二季度达到 2.6%，第三季度更达到 2.9%。朴槿惠上台之后，提出"经济民主化"，具体措施包括限制财阀、加大对中小企业的支持、消除不正当竞争、加大对社会保障的投入等。

（二）跨越中等收入陷阱的经验和教训

20 世纪 50 年代后期，韩国经济实现了战后恢复和基本稳定，但在世界上仍属于低收入国家，消费、工业生产、出口等呈现落后国家的结构特点。韩国成功造就了一个安全的宏观经济环境和法律的、制度的基础。它并不直接介入市场或对价格体系加以控制和干涉，而是通过主导公共设备投资和教育投资来促进民间企业的自由活性，并制定政策以进一步强化出口产业的国际竞争力。无论对内还是对外，都营造开放的市场，以实现高效的资源配置。

在经济发展政策上，韩国一项明确的经济政策目标就是对日本产业发展战略的效仿，并且这种效仿相当成功。一方面，韩国组建了大型贸易公司和对产业结构进行指导；另一方面，它系统地有计划地进口原料和中间产品，经加工产生增值后再出口国外。这种"强迫增长"式的经济成就展现了政府宏观经济管理的能力。

作为亚洲四小龙之一，它较早地利用了发达国家产业转移的契机，在众多东亚起步国家中率先发展起来，并且成功突破了中等收入国家陷阱。相对于其他国家，韩国只用了二三十年的时间就走完了发达国家在产业建设中所走过的一二百年的路程，实现了工业化和现代化。这对于包括中国在内的后发国家都很有借鉴意义。

1. 技术进步

世界经济发展的经验显示，低收入国家在制造业领域占据主导地位，富裕国家在知识经济领域占据主导地位，启动投资推动产业升级、鼓励知识产业成为经济发展的主体是转变经济发展方式的正确选择。

20 世纪 60 年代，韩国确立以科技创新推动经济社会振兴发展的基本思路，构建国家宏观科技管理框架，形成韩国的科学技术基础。进入 70 年代之后，韩国的经济结构开始从以劳动力密集型工业、轻工业为中心向以重化工业为中心的产业结构转变，国内产生了对机械、电子、化工、能源等领域专门研究机构的强烈需求。为了满足这些技术需求，韩国开始大量设立政府管理的科研机构，包括韩国科学院和韩国开发院以及一系列国立研究所。经过 70 年代的发展，韩国的科学技术力量明显增强。

随着经济国际化程度的不断提高，韩国国内企业发展面临的国际技术竞争环境也越来越激烈，从 80 年代起，韩国开始实施第一次科技立国战略，增强本国自主创新能力。90 年代，随着韩国国内产业结构转变，政府开始强化核心领域的技术创新与突破，提升本国科学技术的国际竞争力，为国家未来高技术领域的发展奠定基础。21 世纪初，政府提出"第二次科技立国"战略，2004 年，韩国把科技部长提升为副总理级，使其成为位于财政经济副总理和教育副总理之后的第三位副总理，进一步强化了科技部作为科技主管部门的宏观决策和计划协调职能，推动国家科技创新体系的全球化转型。

除科技创新之外，韩国政府十分重视教育的发展和劳动力素质的提高。1965 年，韩国就已经普及了初等教育，远远超过了其他发展中经济体。1987 年，韩国中等教育体制的优越性也明显表现出来，由 35% 上升到 88%，继续大幅度地保持领先水平。1970—1989 年，韩国小学生的人均实际开支增加了335%。从学生参加认知技能测试的成绩来看，韩国学生比其他发展中地区学生的成绩要好，近年来，甚至比高收入国家的学生要好。除此之外，学生的学习成绩还受到其家庭环境的影响。假如用母亲受教育的水平和家庭中儿童的数目做指标来衡量，韩国的学习环境比巴西、巴基斯坦分别好114%和147%。这些教育上的优势对劳动力素质的提高产生了重要影响。1991年，拥有初级文化程度的劳动者占劳动力总量的46%，2007年，这一比例已经大幅下降到23%；中等教育水平的劳动者占劳动力总量的比例从39%略微上升到42%，而受到职业继续教育和高等教育的劳动者比例则从15%大幅上升到35%。

2. 产业结构调整

从产业结构来看，1965年，韩国农业产值在经济总量中的占比接近40%，2010年已经下降到了3%。20世纪60年代到19年代期间的30年时间里，韩国工业迅速发展，工业产值对经济总量的贡献从20%上升到40%以上。90年代之后，工业贡献率略有下降，但服务业的贡献率从50%上升到60%（见图3-5）。

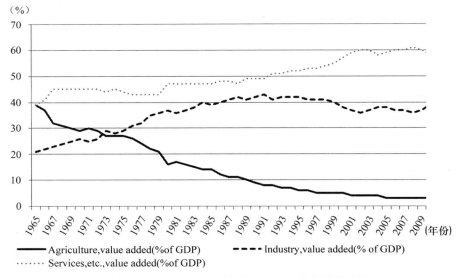

图3-5　1970—2010年韩国三次产业结构的变化图

在韩国，政府努力创造盈利丰厚、具有国际竞争力的企业，鼓励钢铁、金属制品、机械、电子和化工等产业的发展，如今，钢铁、汽车、造船、电子、纺织等已成为韩国的支柱产业，其中造船和汽车制造等行业更是享誉世界。政府通过推动失去竞争优势的劳动密集型产业转向资本和技术密集型产业，促进了 GDP 稳步强劲地增长，曾经在 20 世纪七八十年代对经济增长起到重要贡献的纺织、食品饮料等产业，在 20 世纪 90 年代后逐渐退出经济发展的领头地位，而汽车、半导体与电力设备等迅速发展起来，并且其增长速度超过之前的产业。

在产业转型过程中，政府推动产业升级的政策途径包括选择性贷款、产生保护及对进入特定行业的限制等方面。例如，1973—1979 年，通过投资优惠和免税以鼓励重化工业发展。此外，韩国政府鼓励市场竞争，鼓励私营企业的发展，强调企业和政府间的合作关系与信息沟通的机制，为制定产业政策提供了大量的市场信息，以便及时调整和发现在管理和技术上的低效率，并运用出口业绩作为标准来决定企业是否有资格继续得到支持，这有效地避免了单纯以 GDP 增长为标准进行政策支持从而带来的不同产业争夺稀缺的外汇和信贷等资源的风险。其他鼓励产业发展及出口的政策，包括以国际价格为出口产品生产提供直接或间接的投入。

当然，在推动产业升级的过程中，政府和市场权限的边界选择十分重要。政府能否正确地选择适合本地特色的产业发展战略，能否在取得一定的专业化生产优势后退出产业政策，将经济发展交还市场和私人部门，决定了经济发展方式转变的成败与否。韩国产业自由化和鼓励市场竞争的政策效果非常明显，大企业集团成为韩国经济的重要支撑，三星、现代汽车股份有限公司、SK、LG 和 KT（韩国电信公司）等大企业集团创造的产值在其国民经济中所占比重超过 60%。

3. 城市化

韩国城市化历史进程可以分为 4 个阶段：从 1910 年起，日本占领朝鲜半岛并进行了长达 35 年的殖民统治，到 20 世纪 40 年代中期，城市人口比例从 3.3% 上升到 11.6%，这一阶段为韩国城市化起步阶段。从 1945 年日本投降开始，大批第二次世界大战期间流亡到中国、日本的韩国人回到韩国，朝鲜战争又使得大批难民从朝鲜半岛中部迁往南部，并在城市周围定居下来。战争引至的移民使城市化进入非正常发展阶段。到 1960 年，韩国人口城市化水平达到 28.3%。1960 年之后，韩国进入城市化快速发展阶段，人口城市化水平迅速提高，到 1985 年，城市化水平已达到 74%。90 年代后，韩国进入高度城市化阶段，到 2000 年，城市化水平达到 82%，人口巨大的首尔充分反映了区域经济不协调、人口分布不均衡等一系列新时期的城市化问题。

与日本一样，韩国的城市化进程在很大程度上是其工业化发展、产业结构转型的结果。然而，政府配合城市化进程的一些政策仍然值得关注。在经济迅速发展的同时，政府与民间部门充分协调，通过农村土地改革、农产品收买制度以及国民住宅普及制度等，将经济发展的成果在社会各阶层进行普及。

政府制定了分享式增长的原则，争取中产阶级和贫困人口的合作。20 世纪 50 年代初，韩国就实行了广泛的土地改革。70 年代后，韩国开展了旨在促进农村现代化的"新村运动"，政府一方面重视农业技术的革新特别是高产农作物的普及和肥料的研究使用；另一方面为了解决农村劳动力不足的问题，制定了农业机械化政策，通过农户之间的生产协调，共同使用农业机械，这些措施极大促进了粮食生产，农民收入也大幅提高。此外，政府用于农村的公共投资的比例比其他中低收入国家要高很多。在对卫生、水利设施、电气化等公共投资方面，与其他发展中经济体相比，韩国在城市和乡村之间的分配更为均衡。80 年代初开始，韩国的农村地区就普遍用上了电。税收方面，韩国对农业的课税比其他有关国家低得多，农业部门事实上得到了积极的保护，农业生产率也不断提高。

4. 对外开放

从贸易状况来看，韩国的国际贸易在过去的 50 年里有着持续强劲的发展。1960 年，韩国商品和服务出口额占 GDP 的比重仅为 3%，之后韩国的出口以 4 倍于全球贸易的速度增长，2011 年韩国商品和服务的出口额已经上升到 GDP 的 56%。从贸易额来看，1964 年，韩国贸易额首次实现 1 亿美元，1974 年和 1988 年分别实现 100 亿美元和 1000 亿美元的目标，2005 年突破 5000 亿美元。韩国已成为世界第七大出口国和第九大进口国。《韩欧自由贸易协定》与《韩美自由贸易协定》（KORUS FTA）的正式生效，使韩国成为全球第一个与欧盟和美国两大经济体都签署自由贸易协定的国家。以出口总量来计算，1981 年到 2001 年的 30 年时间里，韩国的出口总量年均增长达到 12.5%，远超过 GDP 的同期增长率。应该说韩国经济的迅速崛起在很大程度上是其国际贸易政策成功的结果。

另外，自 20 世纪 70 年代初，韩国就大举外债用于私人投资和扩充外汇储备。20 世纪六七十年代，韩国的开发性借款主要来自世界银行和亚洲开发银行，80 年代开始主要来自纽约、伦敦和东京等地的国际金融市场。到 1984 年，韩国外债达到 GDP 的 30%，成为世界第四大债务国；到 1985 年，其外债已超过了 GNP 的一半。由于它的出口对 GNP 的比率较高而且经济全面高速增长，即使在出口环境恶化、政治动荡期间，韩国也没有丧失过债信。

1980 年，当私人储蓄因产出和收入的减少而减少时，政府针对其所遇到的困难主动采取了一揽子的稳定计划，并得到了国际货币基金组织备用贷款的支持。政府取消了固定汇率制度，将韩元贬值 17%，并采取了紧缩的货币和财政政策。贬值引起通货膨胀，抑制总需求的措施使产出进一步减少。1980 年，韩国的产出下降了 5%，通货膨胀上升了 25% 以上，经常账户的逆差接近 GDP 的 9%。尽管如此，韩国政府顶着国内对不断增加的外债的抗议，在危机期间一直向外举债，从而保持着高投资。两年后，政策开始产生了预期的结果。通货膨胀率在 1982 年降到 7%，1983 年降到 3.4%，经常账户逆差在 1983 年降到 GDP 的 2%。从 1986 年开始，韩国遵循积极的减债政策，它将因出口而不断增加的外汇储备用于提前清偿债务，净外债大大减少了；到 1990 年韩国债务对 GNP 的比率已降到 4%。韩国对高额外债的成功管理反映了政府应对潜在危机的实力，从而为其 20 世纪 80 年代的高速增长奠定了基础。

5. 收入分配

从基尼系数来看，韩国 1965 年的基尼系数仅为 0.34。到 1975 年和

1980 年，基尼系数达到最高值 0.39，随后逐步下降，1995 年为 0.28，收入分配状况相当理想。在东南亚金融危机中，韩国作为重灾国，国内失业率大幅提高，行业间薪酬差距有所扩大，基尼系数略有回升，1999 年为 0.32，其后又出现缓和迹象。可以说，韩国的基尼系数一直没有超过 0.4 的警戒线，处于比较平均和比较合理的区间内。其采取的主要政策有：

第一，制定严格的税收制度，通过再分配政策将收入差距控制在一定范围之内。一方面，政府将综合所得税以家庭为计税单位征收，在征收中考虑家庭之间的差异，是化解社会收入不公的方法之一。另一方面，对高收入阶层课以重税，起到了明显的收入调节作用。2002 年，韩国综合所得税总额为 57454 亿韩元，其中由收入最高的 10% 阶层缴纳的税金占 76.9%，收入前 10%—20% 的阶层和前 20%—30% 的阶层分别缴纳了 10.9% 和 5.0%。而收入最低 10% 阶层缴纳的税金仅占总额的 0.1%。

第二，建立健全的社会保障体系，这主要包括三个方面的内容。一是社会保险，包括公共年金制度、医疗保险制度、产业灾害补偿保险以及就业保险等；二是社会补救，包括生活补助、医疗补助、灾害救济、伤残军人补助等；三是社会福利服务，包括老年人福利、儿童福利、妇女福利、残疾人福利等。健全的社会保障体系使得个人在退休、生病、灾害、失业等任何情况下都免于陷入贫困，形成一张社会保护的大网，有效控制了收入差距。

第三，韩国政府规范公平交易行为，限制市场垄断，遏制腐败，并将其用法律予以约束。1980 年，韩国政府公布了《限制垄断及公平交易法》；1981 年，韩国政府单独设立了对垄断和不公平交易问题进行统一管理的部门——国家公平交易委员会，该委员会从 1981 年成立到 2007 年共查处各类不公平交易和垄断行为案件 10985 件；2001 年 7 月，韩国公布了系统可行的《防止腐败法》。这些法律和机构对打击经济垄断和政治腐败起到了重要作用。

（三）韩国发展道路对中国的启示

韩国发展道路的成功有其一定的独特性，尤其是它所处的国际环境对其他发展中国家而言是很难复制的。第二次世界大战后美国、西欧、日本先后进入资本主义黄金时代，市场急剧扩张，技术进步也导致产业结构升级和产业转移，大量的过剩资本需要寻找出路。由于韩国属西方阵营，因此得到了特殊优待和扶植，获得了广阔的出口市场、优惠的贸易条件、慷慨的技术和资金援助。同时，特殊的政治环境使得韩国在出口市场上缺乏强大竞争对手，贸易条件较好，为韩国工业化提供了良好的外部环境。廉价的石油与其他原材料供应使工业化成本相对低廉，工业化环境宽松。

相比之下，今天的后发国家面临着两极格局的解体、全球经济危机的不断爆发、出口市场的激烈竞争与贸易条件的不断恶化、发达国家贸易保护的回潮、发达国家对后发工业化国家工业化的敌视等，发展更为艰难。

然而，韩国在一个较短的时间里从一个经济、社会发展水平很低的国家，迅速发展成为东亚地区最为重要的经济体之一，并且成功地跨越了中等收入陷阱，它遵循经济发展规律的积极经验是可以学习的，主要包括：保持宏观经济稳定，学习外国的先进方法与技术，重视初等教育，不忽视农业，利用银行建立良好的金融体制，等等。

与中国相比，我们认为韩国出色的政府财务管理能力、建立的制度经济环境和政府对技术人才的重视都值得中国学习：

（1）在财务管理能力方面，韩国面对不断变化的经济形势不断进行经济改革和调整，保持宏观经济的稳定。这其中，政府先后支持和扶植出口型企业，增加出口；对金融系统、公司和社会保障体系进行改革，扩大银行存款保证金的覆盖面，并直接或间接地为存贷款提供担保，重新使人们树立对金融业的信心；加强对金融体系的监管，包括最小资本充足率、非专业贷款的划分，以及透明度标准等。灵活的政策加上有力的执行能力使得韩国经济始终没有大幅偏离经济增长的轨道。

（2）在制度经济环境方面，韩国的政府决策机制非常注重实绩，不受外界干预，同时它拥有一支技术官僚队伍，进行宏观经济管理。在政府决策制定和官员晋升的过程中，规则和管理程序有非常好的制度约束，免受政治干预。同时，政府与私营部门之间有专属的联系机构和磋商机制，这改善了企业间的协调，促进了市场与政策之间的信息交流，减少了寻租行为。

（3）在对技术人才的重视方面，雄厚的人力资本对于韩国经济的高速增长是至关重要的。由于韩国很早就普及了基本教育，识字率很高，认知水平也高于其他发展中国家，因而，企业也就比较容易提高其工人的技能和掌握新技术。此外，由于人力资本高速积累，增加了大量受过高等教育的工人，从而减少了收入不均，也降低了稀缺的认知成本，这在农村地区尤为突出。

应当说，韩国这几个政策方面的经验都为经济在更长时期里的发展奠定了坚实的基础。相对于制定技巧性的经济发展政策，灵活有力的政府管理能力、良好有效率的制度环境以及雄厚的人力资本能够在更长时期对促进和维持经济发展持续发挥作用，也更加考验政府的能力和远见。我国自改革开放以来已经高速发展了 30 多年的时间，近年来，随着国际国内环境的变化，经济的持续发展面临着更加严峻的挑战，仅靠简单的刺激经济的政策已经不能够充当经济发展的动力，而从更加根本性的制度方面入手，逐步改善经济社会长效发展的环境和基础既是政府的必然选择也是当务之急。同时我们必须意识到，制度的建立、人才的培养都不是一朝一夕能够完成的，而是需要经过长期的积累和不懈的努力。

韩国的成功是在政府政策不断试错的过程中逐渐实现的。不断调整政策、根据经济运行中出现的问题修订政策重点可以作为韩国的主要经验之一。

在 20 世纪 60 年代末，当时为了促进工业化进程，韩国大量增发货币导致物价上涨，从而带来工人实际工资收入的下降，同时，由于政府采取强制储蓄政策，不可避免地产生了强迫式的劳动市场政策和信用配给。政府介入资源分配带来了地下经济的蔓延和投资效率低下等诸多问题。1972 年，政府实行高利贷冻结以及随后的石油危机给社会造成了政治动荡和通货膨胀。70 年代之后，为了推动重化工业的发展，韩国通过各种财政金融手段投向这些产业的改革资金占总预算的 5%。大量税收收入损失掉了，而信贷受到挤占的行业不得不到场外证券市场去借款。

80 年代，政府支持的重化工业项目经历了生产能力过剩和财政困境。机械、造船、海外建筑业及船运业等先后陷入困境，商业银行贷款坏账的积累迅速增长，相应的银行盈利情况严重恶化，坏账比一度达到 10%。政府在补贴整顿企业的同时补贴坏账增多的银行，并允许这些银行经营有吸引力的金融服务项目。1980—1981 年国际性萧条期间，由于借债比例过高及过多集中在美国市场，韩国政府同时受到高利率及产品销售疲软的冲击，而紧随企业倒闭的就是银行。对此，政府迅速采取了大幅降低存贷款实际利率的措施，这实际上将资产大量由存款户（主要是家庭）转到借款户（主要是企业）。实际存款利率在 1980 年降低到 -9.2%。

韩国政府通过迅速有力的政策逐渐克服这些问题，总体上将宏观经济保持在了一个稳定的发展阶段。通过宏观经济稳定，基于试错法的市场介入和微观经济激励措施，创造了一个有利的环境，从而取得了快速的出口增长。与许多未能及时纠正失败政策的、不太成功的国家相比，韩国集中关注对宏观经济稳定和对出口增长的影响，务实地选择和制定其经济政策。这些在探索中不断积累的经验为中国的政策选择具有很好的借鉴意义。

第四章　中国实现经济可持续发展的
战略及路径

十八大报告明确指出：加快经济发展方式转变，是贯彻落实科学发展观的内在要求和推动科学发展的重大举措；坚持把科技进步和创新作为加快转变经济发展方式的重要支撑。深入实施科教兴国战略和人才强国战略，充分发挥科技第一生产力和人才第一资源作用，提高教育现代化水平，增强自主创新能力，壮大创新人才队伍，推动发展向主要依靠科技进步、劳动者素质提高和管理创新等方面转变，加快建设创新型国家。

目前，中国正处于经济全面转型的关键阶段，现有的经济增长方式面临着许多挑战。经济转型的关键问题是转变经济增长的方式，实现经济的可持续发展。

一　中国经济可持续发展面临的挑战

尽管改革开放 35 年以来，中国在经济建设和社会发展各方面都取得了巨大的成就，但我们也应当清醒地看到，中国 30 多年来一直奉行的独特发展道路还存在各种隐忧和挑战，面临着许多难以攻克的发展难题和发展不确定性。郑永年在《中国模式》中明确地指出，"中国模式"还不是一个完整的发展模式，社会经济和政治方面的问题并没有因为经济的快速发展而得到根本性的解决。"中国发展道路"正经历着巨大的挑战，其核心就是发展的可持续性问题。国内外学者对中国发展道路可持续性面临的主要挑战和问题进行了许多研究，主要可以总结为以下几个方面：

（一）经济发展的不平衡性问题对经济持续增长的制约

长期以来，推动中国经济高速增长的两大主要动力来自大规模的投资和出口的快速攀升。

1. 投资

从拉动经济增长的内部需求来看，中国与主要经济体之间有显著的区别，主要表现为过度地依赖投资倾向，表4-1给出了过去30多年来中国与主要经济体在投资、消费、储蓄率方面的变化对比，表中的数据显示：2010年中国的固定资本形成占国民生产总值比重高达45.7%，是主要发达国家的2—3倍以上，同时也远高于其他新兴市场经济体和转型国家，从1980—2010年的变化情况来看，其他主要经济体（除印度之外）的固定资本形成占国民生产总值的比重都呈现逐步下降的趋势，而中国则呈现快速攀升的势头，特别是进入2002年以后，中国的投资率维持在40%以上的高水平达到10年之久。

表4-1　　　　　　**中国与主要经济体投资、消费、储蓄对比**　　　　（单位:%）

总固定资本形成占国民生产总值的比重			
1980 年	1990 年	2000 年	2010 年
中国	29.09	25.86	34.11	45.73
巴西	22.90	20.66	16.80	19.46
印度	17.92	23.82	22.83	31.74
俄罗斯	—	28.70	16.86	21.23
韩国	32.22	37.08	29.96	28.27
日本	31.55	31.96	25.21	19.99
美国	20.42	17.45	20.02	14.44
英国	18.70	20.38	17.13	14.91
德国	24.23	22.81	21.47	17.44

居民消费占国民生产总值的比重			
中国	50.29	46.73	46.69	34.58
巴西	69.71	59.30	64.34	59.64
印度	74.86	64.61	64.07	55.95
俄罗斯	—	48.87	46.19	51.48
韩国	63.64	51.75	54.62	52.69
日本	54.77	53.31	56.52	59.26

居民消费占国民生产总值的比重			
	1980 年	1990 年	2000 年	2010 年
美国	63.44	66.62	69.00	70.85
英国	58.22	62.07	65.50	64.20
德国	58.43	57.65	58.36	57.41

总储蓄占国民生产总值的比重			
中国	—	39.50	36.83	52.38
巴西	17.87	18.92	13.96	17.53
印度	16.98	23.11	25.10	34.61
俄罗斯	—	—	36.15	26.69
韩国	23.05	36.80	33.01	31.92
日本	31.05	33.93	27.81	23.48
美国	19.09	15.07	17.86	11.67
英国	18.01	15.10	14.42	12.40
德国	19.65	22.99	20.18	23.52

　　对比其他主要经济体的发展历程，中国无论从投资率的水平还是持续的时间来看都显得极为特殊。造成中国持久高投资率的原因主要有两个方面，一方面是由于中国长期的高储蓄率这个现实原因决定的，表中的数据显示，中国的储蓄率与投资率水平变化呈现出高度的一致性。2010 年中国的总储蓄率高达 52.4%，远远高于主要发达国家和新兴市场经济体的储蓄率水平。另一方面，与其他国家相比，中国政府在现代化的过程中干预能力更强，政府的主导作用很大程度上体现在过强的投资冲动上，各地方政府的 GDP 竞赛机制同样发挥了重要的推动作用。

尽管中国在实现现代化的过程中，大规模的投资在完善基础设施等方面发挥了十分重要的作用，也是中国经济发展过程必须经历的一个过程。但近年来，中国的投资越来越多地集中在回报率较快且较高的房地产及相关行业，这一方面增加了房地产投资的泡沫化风险，另一方面由于房地产价格的持续攀升严重挤压了居民的消费需要和空间，导致储蓄率持续攀升和消费支出的相对比例迅速下降。

表4－1中的统计数据显示：中国居民消费支出占GDP的比重从1980年的50.3%持续下降到2010年的34.5%，特别是从2000年以后，居民消费需求占GDP的比重下降最快，与其他主要经济体相比，中国的居民消费需求严重偏低，主要的发达国家居民消费支出占GDP比重都大体介于55%—70%，并且都保持相对稳定的状态；尽管与中国同为新兴经济体和转型国家的巴西、印度、韩国在同一时期居民消费支出占GDP的比重也同样出现了一定程度的下降，但直到2010年，上述国家的消费支出占GDP的比重仍然都超过了50%。

从各国的经济发展历史来看，依靠持续大规模的投资来推动经济的增长并不具有可持续性，首先，持续高涨的投资必然导致资本的边际报酬水平降低，投资对经济拉动的效应存在递减的客观经济规律；其次，中国的投资有很大部分属于房地产及相关行业，尽管房地产业的持续快速增长短期内会提升经济增长速度，但长期来看，房地产业本身并不能提升科技的创新能力，也无助于增强产业的竞争力，而技术进步和人力资本积累才是经济长期增长的持久动力所在。

不仅如此，房地产及相关产业属于比较典型的高污染行业，与房地产高度相关的数十个产业均属于高耗能、高污染、高排放的产业，房地产行业的快速和过度增长扩大了这些低端粗放式产业的发展空间，特别是近十多年来，中国为此付出了巨大的生态环境代价。更为重要的是，房地产行业的快速增长严重挤压了居民的消费需求，导致中国的经济增长过分依赖投资扩张，消费需求增长缓慢的局面长期难以扭转，经济持续增长动力日渐疲乏。因此，逐步摆脱长期过度依赖投资拉动的经济增长方式，提升居民消费需求水平，已经成为当前转变经济发展方式重要的任务之一。

2. 对外贸易和外资进入

从拉动经济增长的外部需求和因素来看，得益于廉价的劳动力成本、巨大的市场规模、相对完善的基础设施和庞大的人力资本储备，中国成为世界各国中通过发展对外贸易和吸引外商直接投资最为成功的国家，堪称典范。在 30 多年的时间里，中国从一个几乎完全封闭的社会以极快的速度成长为世界最重要的贸易大国，从一个落后的农业社会转变成为全世界的制造业中心，成为名副其实的"世界工厂"。显然，对外贸易和外资的大举进入对于中国过去 35 年经济的高速增长发挥了至关重要的作用。

表 4 - 2　　　　　　中国和主要经济体外向型经济发展状况对比　　（单位：十亿美元）

出口总额			
	1980 年	1990 年	2000 年	2010 年
中国	51	67	300	1500
巴西	21	42	81	150
印度	14	23	73	270
俄罗斯	—	210	180	320
韩国	18	49	210	500
日本	180	310	490	750
美国	350	600	1200	1700
英国	—	290	510	670
德国	280	460	840	1400
进口总额			
中国	39	55	280	1200
巴西	37	36	94	210
印度	14	26	86	340
俄罗斯	—	190	72	250
韩国	27	76	210	430
日本	190	350	500	590
美国	350	670	1600	2100
英国	—	290	530	700
德国	300	450	820	1200

FDI 净流入总额			
中国	—	3.5	38	240
巴西	1.9	0.99	33	53
印度	0.079	0.24	3.6	27
俄罗斯	—	—	2.7	43
韩国	0.006	0.79	9.3	1.1
日本	0.28	1.8	8.2	1.1
美国	17	49	320	270
英国	10	34	120	61
德国	0.34	3.0	210	28

表 4－2 列出了中国与其他主要经济体 1980—2010 年在不同时间点对外贸易和外商直接投资净流入的对比。表中的数据显示：与其他主要经济体相比，中国对外贸易和外商直接投资净流入规模的扩张速度惊人，按照 2005 年不变美元价格计算，中国 2010 年对外贸易总规模大约是 1980 年的 30 倍，在同一时期，贸易增长速度同样惊人的韩国增长了大约 27 倍，印度增长了大约 20 倍，而传统的贸易大国美国和德国在同一时期只增长了 5—6 倍。特别是进入 2000 年和加入世界贸易组织以后，中国的对外贸易扩张以年均 20% 以上的速度增长，是全球贸易扩张速度最快的国家；在贸易快速扩张的同一时期，跨国公司也开始大举进入中国市场，按不变美元价格计算，2010 年中国吸引的外商直接投资为 2400 亿美元，仅次于美国（2700 亿美元），和其他 7 个主要经济体吸引外商直接投资的总额持平，截至 2012 年中国累计吸收的外商直接投资超过 1 万亿美元，不仅吸收外资的总规模在发展中国家最高，其外资净流入的增长速度也远远超过其他主要发达国家和新兴经济体。

尽管中国长期坚持对外开放，走外向型经济发展道路，对促进中国经济的持续高速增长发挥了至关重要的作用，但经济增长过度地依赖贸易扩张和大规模吸引外商直接投资，这种经济增长方式越来越变得难以维持：

首先，中国对外贸易的快速扩张是建立在廉价的劳动力和土地等生产要素基础之上，近年来随着劳动力成本和其他生产要素价格的大幅度攀升，"人口红利"效应逐渐减弱，在国际市场仅仅依靠价格优势参与竞争的空间越来越小。

其次，自 2008 年金融危机爆发以来，全球经济进入了艰难且缓慢的复苏和调整期，外部需求下降明显，中国出口受制于外部经济环境的影响，很难再实现快速的扩张。

再次，过去 30 多年来，特别是近 20 年来，中国急速的出口扩张，导致贸易顺差激增，不仅引发了中国与众多国家频繁的贸易摩擦，同时也给人民币汇率造成了巨大的升值压力，自 2005 年人民币汇率形成机制改革以来，人民币汇率已经出现了 30% 以上的大幅度升值，中国企业参与国际市场竞争的利润空间越来越小。

最后，虽然中国通过大规模的吸引外商直接投资对经济发展产生了诸多有利的效应，但进入中国的大量跨国公司，主要是向中国转移落后产业，从事低端的加工贸易活动。一方面，中国企业参与加工贸易的利润较低，同时，跨国公司也很难转让核心技术，对于推动国内产业升级的作用有限。另一方面，长期以来，各地方政府为了鼓励外资进入，对外商直接投资采取了许多超国民待遇的政策措施，国际上大量低端、高能耗、高污染的产业进入中国市场，尽管对当地的经济发展和就业产生了积极的作用，但进入中国的大量外资企业主要利用中国廉价的生产要素从事出口加工贸易，给中国的资源和环境承载能力带来了巨大的压力。

综上所述，长期以来中国外向型经济的发展在取得巨大成就的同时，也带来了一系列挑战，特别是近年来随着国内和国外经济环境的变化，仅仅依靠出口的快速扩张来促进经济增长已经变得不现实，中国的对外贸易必须要经历从注重数量扩张转变为依靠提升产品质量、掌握核心技术、培养自主创新能力的全面转型和挑战。同时，中国利用外资的政策也同样需要转型，从过去积极主动、全方位吸引外资转变为有针对性的、在新兴高技术领域利用外资、提高中国企业的国际竞争力，从注重引进外资向全面开拓海外市场、引导中国企业通过直接投资方式走向国际市场参与竞争。

（二）中国经济发展面临跨越"中等收入陷阱"的挑战

"中等收入陷阱"是 2006 年世界银行在其《东亚经济发展报告》中明确提出的一个概念。它指的是当一个国家的人均收入达到世界中等水平后，由于不能顺利实现经济发展方式的转变，导致新的增长动力不足，最终出现经济停滞徘徊的一种状态。"中等收入陷阱"国家的特征是：经济增长回落或停滞、贫富分化、腐败多发、过度城市化造成畸形发展、社会公共服务短缺、就业困难、社会动荡、金融体系脆弱等。

因此，所有的国家在工业化后期、进入中等收入阶段之后，都必须要面对如何跨越"中等收入"陷阱的问题。过去 60 多年各新兴经济体的发展历程表明：尽管从经济起飞到进入中等收入阶段都会面临收入差距快速扩大的现象，但进入中等收入阶段之后，只有那些能够较好解决收入差距问题的国家才能够顺利地完成工业化，进入高收入的发达国家行列。而收入差距持续扩大，不仅经济增长受阻，而且会引发一系列社会问题，导致经济社会发展长期停滞不前，甚至会出现严重的倒退，牺牲前期经济发展累积的成果。

世界各国在面对"中等收入陷阱"时有着不同选择。发达国家利用其先发优势，通过引领技术进步和廉价利用全球资源跨越了"中等收入陷阱"。新兴工业化国家和地区通过出口导向的发展战略、承接发达国家产业转移、实现产业升级等途径，也实现了跨越"中等收入陷阱"的目标。现在国际上公认成功地实现了从中等收入向高收入跃升的国家和地区是日本和亚洲四小龙（中国香港、中国台湾、韩国和新加坡）。从中等收入国家跨入高收入国家，日本和韩国都花了大约 12 年的时间。与西方发达国家相对漫长的工业革命进程对比，日韩两国的经验值得借鉴。一些拉美国家虽然在 20 世纪 70 年代进入中等收入国家行列，却因为没有处理好发展战略、收入分配差距和对外经济关系等问题，最终陷入"中等收入陷阱"，有的直到现在还处于徘徊、停滞不前阶段。

一些拉美国家之所以陷入"中等收入陷阱"，最突出的问题是收入差距急剧扩大，社会分化严重，这反映与收入分配相关的很多制度安排不适应经济发展的需要。政权在利益集团的把持或影响下，往往侵占公众利益，不能推进符合全社会利益、有利于经济持续发展的制度改革，因此导致社会冲突不断，政权频繁更替，政策左右摇摆，当然也就影响到经济的进一步发展。

2009 年，中国人均 GDP 达到 3600 美元，开始进入中等收入发展阶段。如何在加速发展中越过"中等收入陷阱"，是中国必须面对的挑战。各国经济发展的不同特征和历史都表明：对于进入中等收入发展阶段的国家，只有那些能够逐步处理好经济发展中的诸多不平衡，缩小收入差距，提升生产效率和教育质量，善于进行制度和技术创新的国家才能跨越中等收入阶段，顺利进入发达国家行列。

中国的收入分配格局近年来正在发生急剧变化，已经明显偏离了原有收入差距较大的范围，按照世界银行和国内一些学者的测算，截至 2010 年中国的基尼系数已经上升到 0.42（仅次于巴西 0.56 和南非 0.63），收入分配不平等程度超过俄罗斯和印度，并且有明显的趋势向拉美化或东南亚化的方向发展。收入分配形势的长期恶化是许多国家在成为中等收入国家后落入发展陷阱的主要原因之一。从 GDP 收入法的构成可以看出，2003 年以后中国收入结构出现了较大变化，即劳动者报酬所占的比重由过去 25 年长期保持在 52% 左右大幅下降，经过短短的三四年时间，到 2007 年下降为 40%。发达国家之所以居民收入差距较小，主要是因为劳动者报酬所占的份额均在 55% 以上，经营盈余所占比重较为适宜，在 20% 左右。

而那些长期落入中等收入陷阱的国家却是另一番景象，劳动者报酬所占的比重不到 40%，有的长期仅占 20%—30%，相反，企业盈利所占的比重较高，均占 50% 左右，资本所得占比偏高，这正是导致收入差距过大的根本原因。就东亚国家来讲，泰国、菲律宾具有典型的拉美化特征，日本与欧美发达国家相似，韩国介于中间，不过韩国收入构成中劳动者报酬占比偏低的问题在 20 世纪 80 年代得到了明显的改善，可以说这是它能避免陷入中等收入陷阱的一个重要原因之一。

收入差距过大，特别是如果长期得不到改善，将会造成社会不稳定和对消费的抑制，将对经济的高增长形成巨大的影响，即一国在达到中等收入水平后的增长将面临消费不足的巨大障碍。城镇化长期滞后、地区差距过大等都会产生需求的陷阱。在这一阶段，缩小增长差距的政策不仅会得到更多民众的支持，而且会推动新的发展，因为它们将带动消费需求的扩张，从而纠正投资与消费的不平衡问题。

（三）中国面临转变经济发展方式，推进产业技术进步和升级，提升产业竞争力的挑战

迈入中等收入的国家容易落入增长陷阱的一个重要原因在于：中等收入国家的产业发展往往介于低收入国家主导的成熟产业和高收入国家主导的新兴高技术行业之间，产业的发展同时受到低收入国家的激烈市场竞争和高收入国家新兴产业技术优势的双重挤压，也就是说产业升级对于中等收入国家摆脱"中等收入陷阱"的重要性，持续的经济高速增长如果不能带来产业竞争力和技术水平的稳步提升，必然会落入中等收入陷阱。

中国现有的发展道路如果继续推进下去而不做根本性的战略转变，就会因创新激励不足和技术进步缓慢而陷入两难境地：一方面，劳动密集型产业的竞争力会因国内要素成本的上升及低收入国家竞争者的压力而逐渐消失；另一方面，在跨国公司的竞争压力和自身有效激励机制难以建立起来的情况下，资本密集型产业难以形成强大的国际市场竞争力。尽管中国的情况并没有像那些已经落入中等收入陷阱的国家那样糟糕，但资本密集型产业的自主创新能力不足、缺乏核心的技术优势和竞争力，无疑是影响未来经济增长的稳定性和质量的关键因素。

要摆脱这种局面，其中最需要改变的是：对提高产业竞争力和科技创新推动作用很小，但会消耗大量社会资源的房地产等暴利行业进行严格的调控和管制，为新兴的高科技产业特别是一些战略性的重化工业和高技术产业创造良好的生存和创新环境，促使这些行业的经营者不再受外部短期暴利机会的影响而安于创新，同时，国家要增加对自主创新活动的政策激励，利用宏观经济政策鼓励和支持企业提升生产

效率，淘汰落后产能和技术设备，逐步提升产品质量和自主创新能力。

（四）中国目前的经济发展道路面临着资源和生态环境约束瓶颈，生产要素的宏观配置隐藏着巨大的金融风险

中国的经济增长在国内过度依赖投资扩张（很大程度上依赖于房地产投资），对外则过度依赖以廉价的生产要素为支撑的出口快速扩张。无论是房地产业还是低成本产品的大规模出口，都意味着经济增长过度依赖高耗能和高资源消耗行业。同时，由于房地产行业和基于低成本优势的大规模出口扩张，其自身对技术进步、提升自主创新能力、产业竞争力增强的作用非常有限，对下游产业升级换代的要求也很有限。因此，长期依赖对房地产的大规模投资和基于廉价生产要素的出口快速扩张，不仅会受到与日俱增的资源约束，生态和环境也将付出难以承受的代价，同时，也将阻碍新兴产业部门的正常发展，致使产业升级步伐缓慢，科技进步和自主创新能力难以有较大的突破，对经济的长远持续发展产生严重的负面影响。

近 10 年来，中国的房地产行业过度发展，这不仅影响经济的宏观资源配置效率，而且可能引发重大的金融危机或经济危机，即存在房地产过度泡沫化的风险。不论是从较早时期步入中等收入国家（南美国家）的经验看，还是从晚些步入中等收入国家（一些东南亚国家）的经历看，房地产泡沫均难以避免，这无疑是它们先后陷入金融危机或经济危机的重要原因。所以，在一个国家或地区达到中等收入水平后，抵挡房地产的诱惑是避免出现金融危机或经济危机的关键，日本、韩国和中国台湾的成功经验值得我们学习。韩国做得最好，1975 年韩国便开始实施重工业战略，这时，房地产投机活动开始兴起，韩国政府以提升重化工业竞争力的大局为重，采取抑制性的政策，避免了房地产的泡沫。泰国之所以陷入发展陷阱，与其 20 世纪 90 年代所发生的严重地产泡沫有直接关联。

这里有一个重要问题，是不是房地产泡沫在任何时期都会产生致命性的影响？答案是否定的。主要看房地产泡沫发生的时期，即发生在经济增长的哪个阶段。日本的房地产泡沫发生在工业化及现代化完成之

后，韩国基本避免了房地产过度泡沫问题，东南亚国家房地产泡沫则发生在刚刚达到中等收入国家水平时，中国则有可能更早发生在达到中等收入国家水平之前。然而，房地产泡沫发生得越早，相对危害越大；越迟，相对危害越小。日本是"结果泡沫"、东南亚与我国可能是"过程泡沫"。"结果泡沫"问题不大，"过程泡沫"将可能破坏整个长期高增长机制，从而落入中等收入陷阱。要避免落入中等收入陷阱，在很大程度上就是要在发展的战略转型期避免房地产出现过度的泡沫，特别是不能出现泡沫经济。

综上所述，现有发展道路在新的内部和外部经济环境下难以继续发挥作用。中国经济增长对内依赖于房地产投资，对外依赖于出口，在新的国际、国内经济形势下，正面临着巨大挑战。特别是2008年全球性的国际金融危机将会彻底改变传统的经济增长方式，即美国经济增长依赖于过度消费和金融市场的泡沫化将发生重大改变，政府将加强对金融的监管，居民消费行为将主要依赖收入增长而不是资产泡沫的膨胀。因此，可以预见危机中及危机过后相当长的一段时间，没有了过度消费的美国经济将会恢复常态，这将使中国以高投资形成的过剩生产能力无法消化，而只好转向内需，当然这也是改变原有发展道路的重大机遇。但内需的增长将受到与前期高增长相伴的一系列不合理结果（收入差距扩大或长期得不到改善、对消费激励不足、房地产过度消耗居民的购买力、产业竞争力提高缓慢等）的严重制约，而中国各级政府对投资的冲动依然强烈，这将会使中国的经济形势更加恶化。未来经济增长唯一的出路就是尽快转变目前不完善不科学的发展方式，重新塑造中国产业的竞争力，增强中国产业的自主创新能力，创造新的经济增长点。

二　中国实现经济可持续发展的战略及路径

"十二五"期间中国经济实现可持续发展，转变经济发展道路的基本思路是：由"两个过度依赖"转变为"两个依靠"。所谓两个依靠就是经济增长主要依靠扩大内需，内需的扩大和升级主要依赖于扩大消费需求，同时主要依靠自主创新能力而不是资源、资本的过度投入。这一增长动力的转变，需要对原来的分配格局、激励机制进行重大调整，建立新的分配格局和新的激励机制，同时加快对制约产业升级、内需扩大的重要经济体制的改革。

中国正处于向现代化转型的关键时期，未来经济增长面临诸多挑战。美国等主要经济体的发展道路对中国未来经济增长和结构调整的启示主要在于：建立鼓励创新与知识产权保护的宽松环境，提升科技进步和人力资本对经济增长的拉动作用；为各类型企业的发展营造一个公平公正的竞争机制；通过产业结构的动态调整为城市化提供持久动力；根据本国经济特征适时调整对外贸易政策，以适当方式适度推进世界自由贸易进程；采取针对性措施有效缓解未来人均收入差距进一步拉大的压力。

（一）深化经济体制改革，转变政府职能

党的十八大报告明确指出：深化经济体制改革是加快转变经济发展方式的关键。经济体制改革的核心问题是处理好政府和市场的关系，必须更加尊重市场规律，更好地发挥政府的作用。广义地说，任何发展方式都是一种制度安排，即动力机制的塑造和利益分配体系的安排。好的体制机制，就会有好的发展方式，机制体制不顺，发展方式也很难合理。体制状况影响利益分配格局，利益分配格局引导人们的行为，人们的行为决定发展方式的取舍。如果没有机制体制上的重大突破，就不可能有发展方式的根本性转变。因此，中国经济的进一步发展，需要进一步深化改革，着力释放改革红利，积极促进结构优化，充分发挥市场机制的作用。党的十八大报告主要提出在以下重点领域和关键环节深化经济体制方面的改革：

首先，需要加快转变政府职能。处理好政府和市场关系是经济体制改革的核心问题，十八大报告强调必须更加尊重市场规律。需要深入推进政企分开、政资分开、政事分开、政社分开，从制度上更好地发挥市场在资源配置中的基础性作用，更好地发挥公民和社会组织在公共事务管理中的作用。加强政府公共服务和社会管理职能，强化政府促

进就业和调节收入分配的职能。改善经济调节和市场监管职能，减少行政审批事项，减少政府对微观经济活动的干预。规范、成熟的市场经济中政府的作用主要体现在以下几个方面：（1）调节收入分配；（2）纠正市场失灵；（3）维护司法公正；（4）制约垄断、鼓励竞争；（5）提供公共产品和服务；（6）进行宏观调控。从目前来看，要建成高效、规范的政府管理体系，中国需要进一步解决政府缺位和越位的问题。政府的缺位和越位主要表现在：对收入分配的调节还不到位；对市场失败的监控力度需要提高；对公共物品和公共服务的提供需要加强；服务型政府的文化有待建立；市场规范和游戏规则须得到更好地维护；对没有自然垄断属性，也不涉及国家安全的产业和资源的垄断应该停止；独立于行政干预、更加高效公正的司法体系亟待建立等。

其次，完善基本经济制度，进一步推动国有垄断企业的改革。一方面，巩固和完善公有制经济是社会主义市场经济的根基，全面推进国有经济战略性调整，加快国有大型企业改革，充分发挥国有企业在促进产业升级、参与国际竞争、提升综合国力等方面的重要作用。中国的国有企业垄断（电力、电信、铁路运输等），实质上是一种行政性垄断和自然资源垄断相结合的体制安排，政府担当着所有者、政策制定者、市场管理者等角色，企业可以凭借行政赋予的权利、资源的稀缺性等制定垄断价格。这种制度安排严重阻碍了统一、开放、有序竞争的现代市场体系的形成，必须对其进行有针对性的改革：（1）明确企业与政府的关系。企业和政府的关系及其权利的边界界定是需要着力解决的核心问题，政府要改变过去那种身兼多职的角色定位，应该作为社会服务的提供者，维护公平游戏规则的顺畅运转。（2）降低市场准入的门槛，引进投资主体。投资主体多元化是形成竞争性市场体系的关键。有步骤地引进民间资本和外资资本，逐步降低市场准入的门槛。（3）建立明确的法律法规。深化垄断行业改革涉及经济、政治和社会发展领域的利益关系的调整，必须建立适合的法律法规作为指导，否则会引起混乱。

（二）缩小收入、城乡、地区三大差距

贫穷不是社会主义，社会主义的本质是共同富裕。收入、城乡、地区三大差距的持续扩大，已经严重影响和制约了中国经济的可持续发展，严重影响到了整个社会的和谐稳定。三大差距的持续扩大已经成为转变经济发展方式迫切需要解决的问题。差距扩大会压制社会生产力，缩小差距就是解放生产力。经过 30 多年的经济建设，中国极大地缩小了与发达国家总体上的差距，但没有缩小国内的收入、城乡和区域三大内部差距。

改革开放以来，经济高速增长虽然在一定程度上掩盖了三大差距对社会发展的巨大负面影响，但可以相信，在下一阶段（"十二五"时期开始），随着中国进入中速发展阶段，这些差距将会成为经济持续增长的一个重大障碍。中国进入人均收入水平达到中等国家水平后的增长的主要动力是技术进步和居民消费，在这个阶段经济增长将改变过度依赖投资增长的老方式，转为主要依赖消费需求的释放。而收入、城乡、地区差距的扩大及长期得不到改善，将对扩大消费形成明显的约束，因此，缩小差距在新阶段具有明显的帕累托改进效应。缩小一个点的差距可能比增加许多点的投资的效率还要大。目前，我国主要是需要根据公平原则缩小三大差距，建立经济增长的分享机制，政府的发展目标由单一的追求 GDP 的高增长转为共享型的稳定增长。

首先，可以采取以下政策措施来缩小居民收入和城乡差距：第一，要消除机会的严重不公平问题，主要是加快实现基本教育、医疗服务等的均等化，同时增加政府对国民在岗和离岗的培训投入，建立城乡平等的社会保障、社会医疗和失业保险制度。第二，扩大就业是缩小收入差距、建立分享型增长机制的最有效途径，要加大对企业扩大就业的刺激，同时，要建立支持中小企业发展的政府金融服务机构，鼓励非政府的社会中介服务组织的发展。第三，促进劳动力市场充分发育，严格执行新劳动法，提高职工工资，规范收入分配秩序，取缔、打击非法和灰色收入，完善公务员工资正常增长机制。第四，提高垄断行业和一些非创新型暴利行业的税收，加大收入的再分配调节。第五，降低高收入者个人所得税的税率，扩大征税面（减弱逃税的动机），最终起到扩大税源的目的。第六，提高农民收入，完善土地制度和土地流转制度的改革，加大对农业的补贴。

其次，缩小地区发展不平衡。扩大内需、缩小区域差距要培育新的区域增长点，在新阶段大力促进中部地区崛起具有十分重要的战略意义，应将中部崛起战略上升为新时期的国家发展战略。中部地区资源丰富、交通便利、产业基础较好、市场潜力巨大，已经具有加快发展的有利条件。我国要保持劳动密集型产业的竞争力，有效的出路就是将劳动密集型产业加快向中西部地区转移，特别是向临近的中部地区转移，利用其丰富的自然资源优势和劳动力优势，让其重复沿海20世纪八九十年代的发展过程，与此同时，促进沿海地区产业升级，再过20多年我国便能实现地区全面振兴和均衡发展。促进中部地区经济崛起，不仅能显著地扩大内需，而且也是有效地解决"三农"问题、缩小地区差异的最有效途径。要尽快制定支持中部地区崛起的政策：一是制定大力促进沿海地区劳动密集型产业向中部地区（包括部分重点西部地区）转移的优惠政策；二是加快中西部地区（特别是其农村地区）的基础设施建设；三是加快推进中部地区城镇化进程，加快服务业发展，增加就业。

（三）鼓励科技创新，提高产业竞争力，走创新驱动的发展道路

通过多年的艰苦努力，中国经济总量已跃居世界第二位，各项事业发展取得历史性成就，但社会生产力水平总体上还不高，发展中不平衡、不协调、不可持续的问题很突出，经济结构问题已经成为一个带有根本性、全局性的问题，转方式、调结构的要求十分迫切。经济的结构问题与科技创新的能力和结构、人才队伍的水平和结构密切相关。中国以较少的人均资源占有量和脆弱的生态环境，承载着巨大的人口规模和实现可持续发展的压力，面临着节能减排、应对气候变化等严峻的挑战。发达国家曾经拥有的资源环境等有利条件，是目前中国所不具备的。中国的根本出路在于科技创新、产品创新、产业创新、商业模式创新和品牌创新。科技创新处于核心地位，负有自身发展和带动其他方面创新的使命。没有创新能力特别是科技创新能力的大幅提升，就难以完成经济结构的调整和发展方式的转变。

中国进入中等收入阶段后，经济的低成本优势将会逐步丧失，必须

提高研发能力和重视人力资本，进行产业升级，培育新的竞争优势。20世纪80年代韩国和巴西的差距并不大。1978年爆发的能源危机同样对韩国造成较大冲击，使韩国劳动密集型产业的比较优势丧失。但韩国主动求变，通过实施"科技立国"战略，推动产业升级，最终完成了从轻工业向技术密集型的重工业的转型，实现了从"技术模仿"到自主创新的转换。科研投入保持了持续高速增长态势，并于2007年占到GDP的3.47%，超过美国、日本等国家。科技创新对韩国经济增长的贡献率高达70%。

　　尽管改革开放以来，中国在科技进步和人才教育方面取得了巨大的成就，但经济增长方式没有得到根本性转变，仍是主要依赖廉价的生产要素和大规模投资，经济发展带有明显的高投入、高能耗和高排放的特征，科技进步和创新对经济增长的贡献与发达国家和一些新兴经济体相比仍然有明显的差距，这与苏联和俄罗斯的发展道路很类似。产生这一现象的主要原因：一是存在现实原因，即资源和劳动力的比较优势；二是在选择发展道路的决策层面，过度追求经济增长的速度，注重数量的快速扩张而忽视经济效益和质量的提升；三是长期发展道路的路径依赖问题比较严重，经济发展方式短期内很难扭转。

　　依靠科技进步，通过提升科技创新能力来转变经济发展方式，需要从以下两个方面入手：一是加强教育和科研的投入力度，提升教育质量，培养优秀的科技创新人才和队伍，积累雄厚的科研创新基础；二是需要改革教育和科学管理体制，创新科研的激励方式和方法，一方面为科研人员提供良好宽松的科研环境；另一方面，由政府主导型的科研管理体制向市场驱动的企业自发创新机制转变，基于市场需求大力发展高等职业技术教育，加强高等院校、科研院所和企业间研发的沟通互动，提升科研成果的推广效率。

　　鼓励自主科技创新，主要是减少对非自主创新方面或领域的过强激励，因为只要存在比对自主创新更多的激励存在（如对外资的过度激励、对房地产的过度激励），那么，自主创新投入就不可能增加，相反是减少。这里也包括威廉·鲍莫尔提出的政府要严厉打击非生产性的"企业家行为"（"寻租活动"）。所以，政府应该大力改善总激励环境或方向，改变自主创新刺激政策：

第一，要改变把房地产作为支柱产业的政策导向，减少对房地产的过多激励，消除房地产市场暴利，阻止社会资金过度流入房地产市场。逐步开始征收房地产税，鼓励一个家庭拥有一套住房，对一套以上的住房采取严格的抑制政策（附加征税和增加贷款条件等）。对外资的激励要严格限定，取消一般性的优惠，对内资实行同等国民待遇。

第二，降低战略竞争力行业的国有资本比重，发挥民营资本对产业升级的重要作用。促进民营资本的充分发展和国际化，将使中国企业在参与全球竞争中处于更为有利的地位，因此，战略产业的发展一定要把民营资本纳入其中。

第三，利用资本市场推进自主创新。将大量过剩的社会资金导入股市，使其与产业升级相结合，促进重化工业竞争力的提高。如制定产业差别化的上市融资和再融资政策，主要是明显放宽对升级型的重化工业企业上市融资和再融资的条件，促进重化工业的资本扩张和竞争力的提高；成立一批支持升级型重化工业发展的产业投资基金（股权型、债权型）；制定针对性强的优惠政策支持升级型重化工业兼并重组。

第四，确定激励自主创新的正确导向。主要是鼓励企业围绕节能节资搞自主创新，产品的自主创新要坚持"紧凑化"的取向，产业政策重点是鼓励紧凑型产品的创新，如鼓励经济型汽车的消费和生产，鼓励紧凑型的住房（90 平方米以下）消费和生产，鼓励建设紧凑型的城市等。

（四）走城镇化道路，提高城镇化率

城镇化是经济社会发展的必然趋势，也是工业化、现代化的重要标志。积极稳妥地推进中国城镇化，是全面建设小康社会，解决中国特有的"三农"问题、发展中国特色社会主义事业的基本途径和主要战略之一。推进农村富余劳动力转移就业是发展中国家在城镇化进程中共同面临的一大难题。

我国城镇化发展核心是如何在比较短的时间内，推动农村传统的经济社会结构向现代化转型。这就要求重视大中小城市、小城镇和农村

之间的人力、物力和财力的高度关联，在不断强化城镇化结构互利效应的同时，形成以中心城市为"龙头"、以中等城市为主体、以小城市和中心城镇为基础的城镇体系，不断提高城镇化的聚集效应。

城镇化聚集效应的提高应该包括两个层次的含义：一是产业聚集，形成"龙头"城市和中心镇。城镇化应该以产业发展为基础，没有产业没有就业，城镇是发展不起来的。一个区域没有"龙头"城市和中心镇的发展，就不可能形成能带动区域内的城乡经济和社会发展的推动力和辐射力。二是城市的聚集和城镇的聚集相结合。城市和城镇的聚集发展是城镇化的保证和基础，只有在一定区域内实现大中小城市、中心城镇和小城镇的聚集发展，才能使大中小城市与小城镇之间产业高度融合，充分发挥城市和中心镇对农村的辐射力和影响力，才能促使我国广大农村的经济社会结构向现代城市转型。

由此可见，择优发展中心城市和中心镇，以中心城市发展为"龙头"，大力发展中型城市，着力打造以县城为中心的县域城镇增长核，繁荣县域经济，把县城发展为城区人口达 10 万—20 万人的小城市，形成以中型城市和县级小城市为区域中心大城市的卫星城市，以中心城镇为依托的城镇网络体系，不断提高城镇体系对农村的辐射作用和扩散作用，从而推动农村经济社会结构的现代化转型。

城镇化发展不仅是城镇规模的简单扩张，而且应该包含城镇化素质的提高。只有城镇规模空间上的简单扩张，没有城镇产业素质的提高和城镇对农村影响力的强化，不是真正的城镇化。"摊大饼"式的粗放式城镇规模简单扩张，是与城镇化发展的内在要求相违背的。要实现城镇化发展的近期、中期和远期目标，在重视提高城镇化结构的互利效应、开放效应和聚集效应的基础上，还要高度重视城乡产业的技术创新和生态环境保护，提高城镇化的结构升级效应。

城镇化素质提高主要体现在以下五个方面：一是城镇产业技术创新力增强，技术升级换代速度加快；二是城市先进技术产业对农村产业改造和融合的速度加快，农村产业技术水平提高，农村产业和城市产业技术创新的合作关联性不断强化；三是伴随着城乡产业的融合，城乡的教育、就业、社会保障、户籍等制度性壁垒逐渐消除，最终实现城乡制度资源共享；四是城乡生活方式逐渐融合，随着城乡经济文化的融合，农民"去农村化"现象更趋强化，传统农民向现代化农民转变，农民真正成为产业工人的一部分；五是城市和农村生态环境不断改进，人与自然和谐发展。

目前中国有2亿左右的半城镇化居民（农民工），就消费来讲，这是一个潜力极大的资源，加快农民工向完全市民的转化，也将会大大地促进消费需求的增长。加快农民转为市民的进程，应从以下几个方面入手：一是促进城市房价的合理化，高房价之下无城镇化，中国目前的房价水平与收入水平相比，严重偏高，降低房价将会释放出巨大的购房需求，也会相应地加快城镇化进程。二是实施大规模的农民工安居工程。主要是利用政府力量，建立农民工保障性住房。三是鼓励沿海劳动密集型产业向中西部转移，促进中西部地区的城镇化。

保持农民土地承包经营权的稳定，使农民在城乡之间能够"双向"流动，对城市化的健康发展至关重要。印度和巴西的经验教训提醒我们，城市化能否健康发展，与农村的土地制度关系很大。我国的基本国情决定了在相当长的时期内，土地仍然是农民最基本的生活保障。外出打工的农民，大多处于不稳定状态，在家乡有一块地，仍然是农民维持生计的最后一道防线。在农民到城镇落户未取得稳定的就业、收入保障以前，保留这部分农民的土地承包权，让农民在城乡之间"双向"流动，有助于防止大量的无地农民集中于城市，形成贫民窟。扩大农地规模，推动农业产业化经营，都不能揠苗助长，不能剥夺农民的土地承包经营权，不能制造无地农民。调整城市建设的思路，在城镇规划、住房建设、公共服务、社区管理上考虑进城就业农民工的需要。印度和巴西的情况表明，农村人口进城，除了就业之外，较大的问题是安居问题。我国农民进城就业与印度和巴西无地农民进城有很大区别，一些人没有工作干还可回去，但相当一部分人，将长期拖家带口在城镇就业和生活，城市应把他们视同常住人口对待，把外来人口对住房、就学、医疗等设施的需求纳入城市建设规划。城市的财政支出和各种公共服务不能仅考虑城市户籍人口的需要，应该有效服务于全社会。

（五）全面提升外向型经济发展水平

中国已进入全面建成小康社会的决定性阶段，内部和外部经济环境正发生深刻变化，机遇和挑战并存。要实现全面建成小康社会的宏伟目标，需要进一步扩大对外开放，不断完善开放型经济体系，充分发挥对外开放的强大动力。

从国际上看，今后一个时期，世界经济可能陷入长期低迷，外需疲弱很可能常态化，各种形式的保护主义上升，经贸摩擦将进入高峰期。各国围绕市场、资源、人才、技术、规则、标准等方面的竞争更加激烈，中国在传统优势产业与发展中国家竞争加剧，在中高端产业与发达国家竞争也在增多，中国发展面临的外部环境更加复杂。

从国内看，经过加入世界贸易组织10余年的发展，我国的社会生产力、综合国力、人民生活水平大幅度提升，形成了相对完备的产业体系，参与国际竞争与合作的能力增强，已经具备了进一步扩大开放、提升开放水平的基础和条件，国际社会对中国承担更大国际责任也寄予更高期望。同时，我国现有的经济发展方式粗放，资源环境约束强化，传统优势被削弱，新优势尚未建立，转变发展方式和优化结构的任务更加艰巨，制约开放型经济发展的体制机制障碍仍然较多，对外开放面临的风险增大，开放的层次、水平和效益亟待提高。

未来全面提升中国对外开放水平，重点需要做好以下三方面的突破：

一是努力转变对外贸易增长的方式。（1）改变出口主要依靠低成本和拼数量的方式，改变粗放型和数量型的发展模式，使出口主体形式多样化和贸易形式多样化。努力创造具有自己知识产权、自己品牌的商品和服务出口，控制资源性、高耗性、高污染产品的生产和出口，扩大新技术产品和附加值高的产品出口。提高加工贸易的层次，改变产品贸易量增加而贸易增加值低的现状，加快产品的升级换代，使出口贸易从数量上的扩张，向提升质量方面转变。（2）调整进口产品结构和市场结构，优先进口国内发展必需的、重要的、紧缺的高新产品、高新设备、高新技术和具有战略性的资源，实现战略物资进口来源的多元化、方式的多样化和渠道的稳定化。（3）发展绿色产品贸易，适应国际环境保护的潮流，严格控制高耗能和高污染产品的贸易，形成有利于节约资源和保护环境的贸易结构。

二是努力提高利用外资的质量和水平。（1）引进外资同提升国内产业结构和技术水平相结合，同促进区域协调发展和提高企业自主创新能力相结合。通过引进外资，对现有企业进行改造、充实和提高，依靠技术的优化升级实现规模经营，努力提高结构优化效益、规模经济效益和区域分工效益。从主要依靠增加大量资金投入，转变到主要依靠提高生产要素的质量上来，提高综合要素生产率对经济增长贡献的份额。（2）合理利用外资，发展开放型经济，改变经济中的结构不合理、产品质量差、附加值低的状况，通过引进一批高附加值、高技术的产品，加速我国产业结构的进步，做好引进技术的转化、吸收和创新。（3）提高利用外资的质量，加强对外资产业和区域投向的引导，抓住国际产业转移的机遇，扩大外商直接投资规模，引导外商参与国家鼓励的基本建设项目，包括农业综合开发和能源、交通、重要原材料的建设项目，拥有先进技术、能改进产品性能、节能降耗和提高企业经济效益的技能项目，能综合利用能源防止环境污染的技术项目等。

三是努力实施中国企业"走出去"战略。实施走出去的发展战略，是新阶段对外开放的重要举措，是实施可持续发展战略的必然要求。要鼓励和支持有比较优势的各种所有制企业对外投资，带动商品和劳务出口，形成一批有实力的跨国企业和著名品牌。（1）更好地在全球范围内优化资源配置，在国际市场中求生存谋发展，充分利用国外自然资源、科技资源和人才资源，实施战略性的海外投资，创立我国自己的世界级名牌产品。（2）把技术设备、产品带出去，发挥比较优势，积极开展对外经济合作，在互利互惠的双赢中促进国家经济的发展，带动商品、技术和服务出口，提高商品在国际市场的占有率，在国际分工与合作中提高占领国际市场的能力。（3）参与国际经济竞争与合作，开展跨国经营和跨国投资，培育我国的跨国公司，在对外投资中做到以企业为主，以市场为导向，以提高经济效益和增强国际竞争力为目的。投资的重点要放在能源、原材料、高技术等领域。

参考文献

Acemoglu, D. and Autor, D. , "Skills, Tasks and Technologies: Implications for Employment Earnings", in Ashenfelter, O. , Card, D. (Eds.), *The Handbook of Labor Economics*, Vol. 4b. Elsevier, Amsterdam, 2010.

Acemoglu, D. , The World Our Grandchildren Will Inherit: The Rights Revolution and Beyond. April 6, 2012.

This essay is prepared for Economic Possibilities for Our Grandchildren edited by Ignacio Palacios – Huerta, MIT Press, forthcoming, 2012.

Acemoglu, D. , Technology and Inequality, NBER Reporter: Winter 2003. L. F. Katz and D. H. Autor, "Changes in the Wage Structure and Earnings Inequality", *in the Handbook of Labor Economics*, Vol. 3, 2003.

Acemoglu, Daron, Philippe Aghion, and Fabrizio Zilibotti. "Distance to Frontier, Selection, and Economic Growth. " Photocopy, 2003.

Acemoglu, Daron. "Why Do New Technologies Complement Skills? Directed Technical Change and Wage Inequality. " *Journal of Economic Literature* Vol. 40, 2002.

Sachs, G. India's Rising Growth Potential. *Global Economics Paper* No. 152, 2007.

Borjas, George J. , Richard B. Freeman, and Lawrence F. Katz. "How Much Do Immigration and Trade Affect Labor Market Outcome?" *Brookings Papers on Economic Activity*, Vol. 1, 1997.

Bosworth, B. , and S. Collins, "The Empirics of Growth: An Update," *Brookings Papers on Economic Activity*, Vol. 2, 2003.

Dani Rodrik and Arvind Subramanian. , From "Hindu Growth" to Productivity Surge: The Mystery of the Indsan Growth Tvansstion. NBER Working Paper No. 10376, 2004.

Djankov, Simeon, Edward L. Glaeser, Raphael La Porta, Florencio Lopezde-Silanes, and Andrei Shleifer. "The New Comparative Economics. " *Journal of Comparative Economics*, Vol. 31, 2003.

Engerman, Stanley L. , and Kenneth L. Sokoloff. "Factor Endowments, Institutions, and Differential Paths of Growth among New World Economies: A View from Economic Historians of the United States. " in Stephen Haber, ed. , *How Latin America Fell Behind.* Stanford: Stanford University Press, 1997.

Gordon, Robert J. "Interpreting the 'One Big Wave' in U. S. Long − Term Productivity Growth. " NBER Working Paper No. 7752, 2000.

Greenwood, Jeremy, and Boyan Jovanovic. "The Information − Technology Revolution and the Stock Market. " *American Economic Review* (Papers and Proceedings), Vol. 89, 1999.

Greenwood, Jeremy, and Mehemet Yorokolgu, "1974. " Carnegie − Rochester Conference Series on Public Policy, Vol. 46, 1997.

Helpman, Elhanan, and Antonio Rangel. "Adjusting to a New Technology: Experience and Training. " *Journal of Economic Growth*, Vol. 4, 1999.

Grossman and Helpman "Protection for Sale. " *American Economic Review*, Vol. 84, 1994.

Grossman, Gene M. , and Elhanan Helpman. "Protection for Sale. " *American Economic Review*, Vol. 84, 19943.

Helpman, Elhanan, and Manuel Trajtenberg, "A Time to Sow and a Time to Reap: Growth Based on General Purpose Technologies. " In Elhanan Helpman, ed. , *General Purpose Technologies and Economic Growth.* Cambridge: MIT Press, 1998.

International Monetary Fund, World Economic Outlook: Recovery *Strengthens, Remains Uneven, Statistical Appendix*, Table A4. Emerging Market and Developing Economies: Real GDP, April 2014.

Jorgenson, Dale W. , and Eric Yip. "Whatever Happened to Productivity Growth?" In Charles R. Hulten, Edwin R. Dean, and Michael J. Harper, eds. , *New Developments in Productivity Analysis*. Chicago: University of Chicago Press, 2001.

Katz, Larry F. , and David H. Autor, "Changes in the Wage Structure and Earnings Inequality." In Orley C. Ashenfelter and David Card, eds. , *Handbook of Labor Economics*, Vol. 3, 1999.

Krugman, Paul R. , "Growing World Trade: Causes and Consequences." *Brookings Papers on Economic Activity*, Vol. 1, 1995.

Kuznets, Simon "Economic Growth and Income Inequality." *American Economic Review*, Vol. 45, 1955.

Kuznets, Simon, "Quantitative Aspects of the Economic Growth of Nations: VIII. Distribution and Income by Size." *Economic Development and Cultural Change*, Vol. 12, 1955.

La Porta, Rafael, Florencio Lopez – de – Silanes, Andrei Shleifer, and Robert W. Vishny. "Law and Finance." *Journal of Political Economy*, Vol. 106, 1998.

Maddison, Angus. *The World Economy: A Millennial Perspective*. Paris: OECD, 2001.

North, Douglass C. , William Summerhill, and Barry R. Weingast. "Order, Disorder, and Economic Change: Latin America versus North America." In Bruce Bueno de Mesquita and Hilton Root, eds. , *Governing for Prosperity*. New Haven: Yale University Press, 2000.

Olson, Mancur. *The Logic of Collective Action*. Cambridge: Harvard University Press, 1965.

Olson, Mancur. *The Rise and Decline of Nations*. New Haven: Yale University Press, Chapter 5, 1982.

Pinelopi Koujianou Goldberg and Giovanni Maggi, "Protection for Sale: An Empirical Investigation", *The American Economic Review*, Vol. 89, No. 5, 1999.

Rogowski, Ronald. *Commerce and Coalitions*. Princeton: Princeton University

Press，1989.

Sokoloff，Kenneth L.，and Stanley L. Engerman. "Institutions，Factor Endowments，and Paths of Development in the New World." *Journal of Economic Perspectives*，Vol. 14，2000.

Solow，Robert M. "Technical Change and the Aggregate Production Function." *Review of Economics andStatistics*，Vol. 39，1957.

Stanley L. Engerman，Kenneth L. Sokoloff，*Factor Endowments*，*Inequality*，*and Paths of Development Among New World Economics*，NBER Working Paper No. 9259，Issued in October 2002.

车耳：《法国经济计划化的终结》，《欧洲》1998 年第 2 期。

陈兼：《未经"改造"的"转型"——西方学术界关于后苏联时期俄罗斯经济转型的研究》，《俄罗斯研究》2004 年第 2 期。

陈江生：《老欧洲的困境：法国经济的回顾与前瞻》，《中共石家庄市委党校学报》2008 年第 9 期。

程伟：《世界金融危机中俄罗斯的经济表现及其反危机政策评析》，《世界经济与政治》2010 年第 9 期。

丹尼·罗德里克：《探索经济繁荣：对经济增长的描述性分析》，张宇译，中信出版社 2009 年版。

冯舜华：《俄罗斯经济"追赶型"发展的战略目标和途径研究》，《世界经济与政治》2004 年第 12 期。

高晓慧：《俄罗斯经济增长中的结构问题》，《俄罗斯中亚东欧研究》2005 年第 4 期。

关雪凌：《俄罗斯经济的现状、问题与发展趋势》，《俄罗斯中亚东欧研究》2008 年第 4 期。

关雪凌、刘可佳：《俄罗斯经济现代化：背景、布局与困境》，《俄罗斯中亚东欧研究》2011 年第 1 期。

关雪凌、刘可佳：《后危机时代俄罗斯经济现代化探析》，《经济理论与经济管理》2011 年第 1 期。

郭连成：《国际高油价对俄罗斯经济的正负影响效应》，《世界经济》2005 年第 3 期。

郭连成：《资源依赖型经济与俄罗斯经济的增长和发展》，《国外社会科学》2005 年第 6 期。

何自力：《试论法国经济计划的作用机制》，《南开经济研究》1993 年第 6 期。

侯铁建：《经济危机、社会政策和经济发展：俄罗斯的经验》，《俄罗斯研究》2010 年第 2 期。

黄宁燕、孙玉明：《法国创新历史对我国创新型国家创建的启示》，《中国软科学》2009 年第 3 期。

黄永春等：《"跨工业化"经济增长模式分析》，《中国人口·资源与环境》2012 年第 11 期。

久保庭真彰：《俄罗斯经济的转折点与"俄罗斯病"》，《俄罗斯研究》2012 年第 1 期。

乐正：《高福利政策是社会建设的双刃剑——法国社会福利政策的考察与启示》，《深圳职业技术学院学报》2012 年第 2 期。

李新：《2000 年以来俄罗斯精进结构的变化及其发展趋势》，《俄罗斯研究》2009 年第 2 期。

李玉平：《法国经济发展战略与经济增长前景》，《欧洲》1999 年第 3 期。

林跃勤：《经济转型：经济增长的基本动力——俄罗斯经济转型进程及其启示》，《经济研究参考》2007 年第 7 期。

刘军梅、刘志杨：《俄罗斯经济的竞争力、发展困境及其出路》，《俄罗斯中亚东欧研究》2007 年第 4 期。

刘强：《法国居民收入分配状况与政策启示》，《经济研究参考》2005 年第38 期。

陆南泉：《俄罗斯经济结构调整趋势与制约因素》，《俄罗斯中亚东欧研究》2009 年第 1 期。

陆南泉：《对俄罗斯经济转轨若干重要问题的看法》，《经济社会体制比较》（双月刊）2010 年第 2 期。

冒天启：《转型经济研究中的理论难点问题》，《上海财经大学学报》2006 年第 3 期。

戚文海：《从资源型经济走向创新型经济：俄罗斯未来经济发展模式的必然选择》，《俄罗斯研究》2008 年第 3 期。

齐建华：《全球化与法国经济政治文化的转型》，《科学社会主义》2007 年第 2 期。

曲文轶：《俄罗斯经济增长模式探析——兼与中国比较》，《俄罗斯中亚东欧研究》2006 年第 3 期。

曲文轶：《资源禀赋、产业结构与俄罗斯经济增长》，《俄罗斯研究》2007 年第 1 期。

沈坚：《论近代法国的经济增长模式》，《世界历史》1998 年第 5 期。

王跃生：《文化、传统与经济制度变迁——非正式约束理论与俄罗斯实例检验》，《北京大学学报》（哲学社会科学版）1997 年第 2 期。

文富德：《印度经济改革的成绩与问题》，《南亚研究季刊》2012 年第 1 期总第 148 期。

邢玉升：《论俄罗斯经济发展模式的转变》，《俄罗斯中亚东欧研究》2009 年第 2 期。

徐坡岭：《俄罗斯经济转轨的路径选择与转型性经济危机》，《俄罗斯研究》2003 年。

许新：《俄罗斯经济转轨评析》，《东欧中亚研究》2000 年第 4 期。

许新：《论俄罗斯经济发展战略》，《俄罗斯中亚东欧研究》2005 年第 4 期。

于春苓：《论俄罗斯的石油经济》，《世界历史》2011 年第 5 期。

张宇燕：《经济发展与制度选择》，中国人民大学出版社 1992 年版。

赵彦云、侯晓霞：《法国产业结构高端化的实证研究》，《统计与决策》2011 年第 14 期。

周淑景：《法国国有经济民营化的若干启示》，《国外社会科学情况》1996 年第 3 期。

宗瑞玉：《法国经济现状与展望》，《国际贸易》1992 年第 3 期。